Legado

SECRETOS REVELADOS
(CONFIDENCIAL)

PRIMERA PARTE

AVENTURAS...
¡En 6 Décadas *de SHOW*!
(Prensa, Radio, Televisión
y el Mundo del Espectáculo)

Alfred D. Herger Ph.D.

San Juan, Puerto Rico
Copyright © 2019 Alfred D. Herger

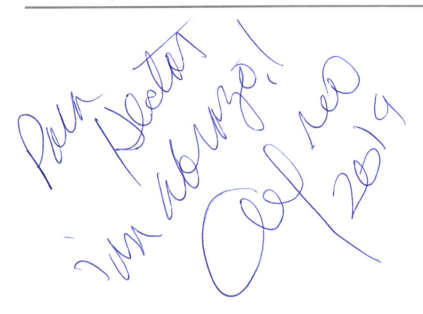

Diseño gráfico de portadas e interiores,
por el autor.
Producción gráfica Graphic Printing.
Copyright © 2019 Alfred D. Herger

Todos los derechos reservados. Ninguna parte de esta publicación puede ser publicada, distribuida o transmitida de ninguna forma, en ningun medio, sin la expresa autorización escrita de:

ALFRED D. HERGER / EDICIONES PRIMA*Vida*
Box 8607
San Juan, Puerto Rico 00910,
www.alfredDherger.com

¡SECRETOS REVELADOS! (CONFIDENCIAL)
Alfred D. Herger Ph.D.

ISBN: 978-1-6984-8643-7

¡Saludos Terrícolas!

Alfred D. Herger ante ustedes -60 años después... <u>Con la historia de mi juventud</u>, cuando tuve ansias de triunfar en el mundo del espectáculo: haciendo periodismo farandulero, radio, televisión, discos, promoviendo artistas... en fin, "showbusiness!". Las estrategias, maquinaciones, e inventos para lograrlo (mis "secretos"), los revelo TODOS -pequeños detalles y ¡GRANDES MAROMAS!

¡OJO! donde vean: **CONFIDENCIAL**

incluyo datos, documentos históricos, y/o relatos **clave para mi**. Material que he preservado por estimarlo importante en mi carrera y/o sobre el desarrollo de la cultura 'pop' en mi pais, Puerto Rico.

Describo mis "aventuras", **según mis mejores recuerdos**. Si olvidé algo o alguien, perdónenme.

*(Para mis lectores jóvenes, en la página **236** incluyo datos sobre los artistas que iré mencionando.)*

DEDICATORIA

A MI HIJO ALFREDO ("KAKO")
Alfred Bernhart Herger Dorsey.

Comparto esta foto de su infancia, cuando era un nene curioso, presentao, lucío, disparatero, travieso, divertido y juguetón. Le decíamos 'Kakiko' porque mi hija mayor, Grace, lo llamaba así, tratando de decirle 'hermanito'.

A mi 'Kako', Chucho Avellanet le ensenó a volar chiringas y fue el querendón de Marcela, la mamá de Luis Miguel. Como actor juvenil, hizo telenovelas en Telemundo, con Sandro y otras figuras (y jugó dómino de pareja con Don Bilín Ruiz, el Gerente General de Telemundo).

Alfredo fue mi primer hijo varón. De niño era mi compinche de juegos, y luego, compañero de proyectos artísticos y retiros de meditación. Más adelante, colaborador en 'trainings' de superación personal y en talleres en escuelas y para jóvenes en riesgo.

Nació el 10 de noviembre de 1967 y falleció inesperadamente el 29 de mayo de 2019 a causa de un *neurisma* (*aneurysm*). Tenia 51 años.

Alfredo fue actor, cantante, animador, productor de películas y eventos, libretista, "trainer", instructor de artes marciales y defensa personal, consejero, baloncelista, fisiculturista, campeón de dómino, amante de los animales, gran amigo, ávido explorador espiritual y MEDITADOR.

Como autor, en su exaltado libro "¡Cárcel!" reseñó el *vía crucis* de tres años que vivió cuando corruptos oficiales gubernamentales vengativamente lo encarcelaron por un *crimen* ¡sin víctima!

La viuda de Alfredo es la Dra. María del Pilar Pinzón. Su amigo consejero (segundo papá), Jaime Quintana Pascual. Sus hermanos sobrevivientes, Grace Marie y Bernard Jonathan (Sonny). Su madre: Barbara Ann Dorsey Mendoza, mi primer esposa y la madre de mis cuatro hijos. Bennet E. Herger, 'Benny', el 3ro, fue asesinado hace dos décadas (tenía 22 años) Crimen que nunca fue esclarecido.

Estaba yo terminando ésta 'Primera Parte' (1958 –70) de "SECRETOS REVELADOS (Confidencial)", y entonces...

¡QUE SE ME MUERE EL MUCHACHO!

"Hágase SEÑOR tu voluntad."

ÍNDICE DE AVENTURAS:

ANTES DEL SHOW   p 8
EN SANTURCE   P 9

#INICIOS Y DESCUBRIMIENTOS

1958-NACE COLUMNA EN "EL MUNDO"	P 15
Y LLEGÓ EL 1960	P 25
TEENAGERS... Y ¡ROCK AND ROLL!	P 27
D.J.'S DE N. Y. & ¡MR. DICK CLARK!	P 31

#ENTRO A LAS GRANDES LIGAS

EL SHOW FORD	P 37
PAUL ANKA – MI PRIMER ARTISTA	P 41
EL HOMBRE DEL SATÉLITE	P 49
¡TEENAGER'S MATINEE!	P 53
CREANDO LA NUEVA OLA BORICUA	P 73

#CAMBIOS Y RETORNO

¡EN HOLLYWOOD!	P 81
BYE, BYE HOLLYWOOD, HELLO, N. Y.	P 87
CON LA BEATLEMANÍA	P 88
JOE CUBA & CO.	P 90
CANTA LA JUVENTUD! (SOY SANTO)	P 93
LA BANDA ALLÁ – MI COMPETENCIA	P 97

#COMO FUERON LAS COSAS

CHUCHO, DIANA, CHARLIE, LUCECITA	P 99
ESCRIBO CANCIONES 'NUEVA OLA'	P 135
MIS OTRAS PRODUCCIONES	P 142
¡HACIENDO CINE!	P 145

¿Y EL TRIÁNGULO AMOROSO?	P 149
MI SANTO COMPADRE PAPO ROMAN	P 151
NENAS FINAS Y CHICOS RUDOS	P 152

SIGUEN LOS CAMBIOS

TERMINO CON EMPRESAS CORDERO	P 155
¡AL FESTIVAL! (ENVÍO A LUCECITA)	P 159
SURGE 3er CLAN ¡EN WAPA TV!	P 167
FOTONOVELA CON YACO MONTI	P 175
¡LUIS MIGUEL NACE EN P. R.!	P 181

HISTORIA, ENIGMAS Y SECRETOS

ROCKVOLUCIÓN EN OTROS PAISES	P 191
JOSE FELICIANO POR PARTIDA DOBLE	P 197
UN ENIGMA DE LUCECITA	P 198
SUPER SECRETO MUNDIAL REVELADO	P 200
POPURRÍ...	P 202

REDONDEANDO

FOTOGALERÍA	P 211
¡MI FUNDACIÓN!	P 230
DATOS DE ARTISTAS MENCIONADOS	P 236

"La vida es una aventura...
¡o es nada!"

HELEN KELLER

ANTES DEL SHOW

Nací en Arecibo, Puerto Rico (11-4-1942). Me crié en la urbanización Bay View de Cataño, pueblo donde estudié hasta 6to grado en el colegio Católico San Vicente Ferrer. Mi mamá, Ramonita Traverso de Herger,"*Monín*", era maestra de escuelas pública en el pueblo. Mi abuela, Doña Clemencia Arana, enseñaba primer grado en el colegio. A mi me decian *"Alfa"*.

Alfa

Monín

(Un sketch por su primo, el laureado pintor *ARANA*)

En mi casa escuchábamos discos en la 'high fidelity' de mami: desde Helmut Zacharías con su violín y Caterina Valente, hasta Celina y Reutilio con *"Santa Bárbara"*. Ella los cantaba y bailaba. Mi papá, Bernardo "Sonny" Herger Busó, tocaba piano y algo de guitarra.

Cuando yo llegaba del colegio, ponía los discos... bailaba y trataba de cantar. A veces organizaba *"showcitos"* con mis amigos en la sala, donde yo era el maestro de ceremonias.

EN SANTURCE

Fast forward... y paso a vivir con mis abuelos paternos, Mr. Alfred A. Herger (principal de escuela retirado) y Asunción Busó (Doña Sunta –empresaria) en la calle Lloveras 607, en la 'parada 21'. ¡El centro del universo! (Según yo.)

En el colegio de la parroquia Sagrado Corazón, el la parada 20 (a tres bloques de la casa de mi abuela), no había cabida –a pesar de las recomendaciones de las monjas de Cataño y mi 1er honor de 6to grado. (Pero allí me cogieron en su tropa 11 de Boy Scouts.) Dios sabe lo que hace.

Entro a estudiar a St. John's Episcopal Cathedral Academy, a dos bloques de la casa de abuela. Allí todo era en inglés, menos la clase de español. Me perdí... pero le fui cogiendo el gustito y me enamoré del idioma. (Eso resultó ser parte del 'plan divino'.) Al día de hoy a veces pienso en inglés y mezclo idiomas al hablar.

¡Y DESPUÉS PASÉ A LA CENTRAL HIGH!

En la Central me asimilé (y descubrí a Vicentico). Lo mejor de todo: ¡quedaba a pasos de la casa!

En la pda. 21, Una vecina muy querida, Doña

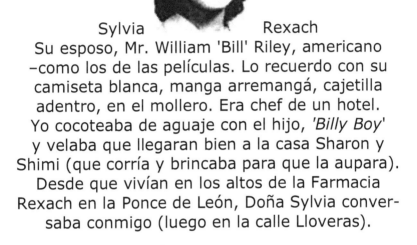

Sylvia Rexach

Su esposo, Mr. William 'Bill' Riley, americano –como los de las películas. Lo recuerdo con su camiseta blanca, manga arremangá, cajetilla adentro, en el mollero. Era chef de un hotel. Yo cocoteaba de aguaje con el hijo, 'Billy Boy' y velaba que llegaran bien a la casa Sharon y Shimi (que corría y brincaba para que la aupara). Desde que vivían en los altos de la Farmacia Rexach en la Ponce de León, Doña Sylvia conversaba conmigo (luego en la calle Lloveras).

CONFIDENCIAL Al cruzar la avenida, estaba la calle del Culto –y una barriada muy sabrosona. Por allí vivían Cuqui y Robert Rohena –que bailaban mambo como e'. Su tío Aníbal Vásquez era el de Los Mambo Aces y su mamá le cosía elegantes camisas a personalidades. Más arriba ensayaba Cortijo. ¡Yo era uno de los nenes averiguaos!

Por allá los sábados el cine 'PRACO' tenía series: "El Fantasma","Flash Gordon", etc. y a los vaqueros que disparaban, con mucho humo ¡y nunca se le acababan las balas! (Los imitábamos jugando "itikirimau!"–"Stick 'em up!").

OTRAS GANANCIAS EN SANTURCE

Una de las mayores ganancias de mudarme a Santurce: establecer mi relación con mis tíos paternos. ¡Eran unos personajes! *"Bula"*, *"Auky"* y en particular, *"Kakú"* el menor, que regresó del ejército cargado de Lp's latinos y de *rock n' roll*; con una tocadiscos 'hi fi' (que sólo yo podía tocar). También trajo unos timbales *"diseño Tito Puente"*. Él se plantaba en la marquesina a tocar, siguiendo los discos de Puente.

CONFIDENCIAL Mi tío Kakú intentó hacerme timbalero. Aprendí a apreciar la música latina, pero... el timbalero depende de eternamente mantener el ritmo con la *"cáscara"*, y a mí... ¡se me cansaba la mano! (Me pasaba lo mismo cuando peinaba mi gallo *"a lo Presley"*).

Viviendo en Santurce yo salía a cualquier hora, a cualquier parte –mi abuela siempre me dejaba la puerta sin cerrar. De noche, tío Kakú me llevaba a ver los shows de radio que se originaban en los escenarios de dos cines cercanos: el Paramount y el Metro.

En un teatro veíamos a Don José Miguel Agrelot con un programa de preguntas y respuestas y en el otro a ¡Don César Concepción y su Orquesta! Allí me deleitaba por partida doble: admirando al maestro de ceremonias, Don Mariano Artau (mi primer modelo en eso de ser animador) y segundo, emocionándome con el sonido de la "Big Band" y las plenas del maestro, que cantaba Mr. Joe Valle. ¡WOW!

CONFIDENCIAL En el teatro-cine 'Puerto Rico' (el de la esquina de mi calle) 'trabajé' a ratos, vendiendo amuletos y 'monedas de la suerte' con los shows de 'magos' y 'adivinadores'. ¡Me ganaba mis pesetitas! Cuando los shows eran de bailarinas, mi corillo y yo nos subíamos al techo aledaño al teatro y las ligábamos en el camerino.

También con el corillo le vendíamos popcorn, dulces y chicles a la gente que estaba en la fila de los boletos... ¡hasta que nos corrían! (Creo que en Santurce, yo era una especie de titerito.)

En el teatro Puerto Rico, viendo a Don Camilo Fraticelli aprendí varios truquitos para animar a un público, ¡Era un general!

TEMPRANOS ENCUENTROS CON FAMOSOS

Mi primer noción de una 'persona famosa' fue el maestro **Noro Morales**. Lo habían contratado para dirigir la orquesta de un importante hotel turístico. Yo estudiaba quinto o sexto grado en el Colegio San Vicente Ferrer de Cataño cuando sus hijos fueron matriculados.

Norito, el mayor entró a mi salón hogar. Nos hicimos amigos. (Aunque el español no era su primer idioma.) El hermano menor estaba uno o dos grados por debajo. No recuerdo su nombre, pero sí sus peleas en el patio antes de entrar. ¡Se peleaba todos los días!

2nda 'experiencia': Doña **María Judith Franco**, muy querida actriz de las telenovelas. Su hijo tomaba una clase conmigo en la St. John's Cathedral Academy.

3ero: Don **Braulio Castillo**, cuando era *"Ballín"*, y recién comenzaba a actuar en novelas.

Fué en la Ponce de León, esquina Calle Lloveras, parada 21, Santurce –casi frente a la Central. (Después me enteré que él se graduó de allí.)

CONFIDENCIAL *¡Braulio andaba en su Volky y al parecer tuvo un 'roce' con un carro grande. Estaban discutiendo y parecía que pelearían. Había una guagua detenida, llena de admiradores que le gritaban "¡Dale Ballín!". Pero* *él con su vozarrón intimidó al otro tipo y lo charleó. La gente se rió mucho, y lo aplaudió. Braulio se los agradeció haciendo una reverencia.*

Esa noche, narrando el cuento en casa, me entero que mis padres frecuentaban la iglesia Unity en Santurce, que pastoreaba el papá de Braulio.

Andando el tiempo nos hicimos muy buenos amigos. También conocí al hermano, que era piloto. Una vez viajé con Braulio para hacer unos shows en NY, y me consiguió unos discos '45' (que aún conservo).

#INICIOS Y DESCUBRIMIENTOS

1958 Nace "Tu Hit Parade"

¡La escribí durante una década!

En 1958 tenía 15 años. Me presenté como editor del *"Palacete"* de la Central y *"experto en música para la juventud",* ante la Sra. Carmen Reyes Padró en el periódico EL MUNDO.

Le pedí me asignara escribir una columna semanal en la recién inaugurada *'Página de adolescentes'*, donde yo reportaría sobre los éxitos musicales y los artistas del momento... ¡Aceptó!

CONFIDENCIAL

*Ese año **también debuté en la radio**, por la WAPA, gracias a la Sra. Margarita Nazario. Animaba "Teenager's Top Hits". (En 'combo' con mis compinches Rafa Rodríguez y Quique Dacosta, <u>pues no me atrevía hacerlo sólo</u>.) Por medio de Don Johnny Miranda, **debuté en TV** haciendo un segmento en "Antesala del Club 6" por WIPR. (Mi mayor recuerdo: el fuerte olor del maquillaje me hacia sentir "¡artista!")*

Después me mudé a Radio El Mundo con el "Hit Parade Internacional", contratado por la Sra. Ester Palés. Como la emisora pertenecía al periódico, me publicaban tremendos anuncios. Suuuuuper Nice!

Para la columna realicé entrevistas con Lucho Gatica, Nat "King" Cole, Celia Cruz, Maurice Chevalier, Alfredo Sadel, Vic Damone, Olga

Guillot... infinidad de estrellas que traían empresarios como Tony Chiroldes, "Chiroldy" y/o contratados directamente por los hoteles, para atender el creciente auge turístico de la isla.

CONFIDENCIAL Gratos recuerdos*

*Cuando yo comenzaba en Radio El Mundo invité a Lucho Gatica, "El Bolerista de América" a ser mi primer entrevistado, pero esa misma tarde él se accidentó una pierna. Pero cuando llego a la estación, ¡allí estaba Lucho! Me sorprendió aún más subiendo las altas escaleras, ¡con su yeso y sus muletas!

* Otro gran recuerdo fue cuando entrevisté al astro Nat "King" Cole en el camerino al finalizar su show del teatro de la Universidad de Puerto Rico. Llegué con mucha dificultad hasta su puerta, pues había un gentío esperándolo frente a ésta. Él estaba poniéndose la corbata, preparándose para salir, pero gentilmente contestó mis preguntas. Como si todo hubiera estado planificado, cuando yo termino, el empresario lo viene a buscar. Ambos salen apresuradamente.

Desde adentro escuché los ensordecedores gritos de su fanaticada. Quedé solo en el camerino, deleitándome con la experiencia y de pronto ¡vuelvo a escuchar la gritería! Para mi sorpresa, Mr. Cole entra nuevamente al camerino y dice:

"Perdóname Alfred, salí sin despedirme."

La entrevista de Nat "King" Cole me permitió escribir artículos –además de la columna.

(Foto sustituida)

CONFIDENCIAL ☑ Nuestro máximo compositor, Don Rafael Hernández me sirvió de consejero una vez, cuando me dijo: "Imagino que te están pagando bien por tu excelente columna." Le contesté: "Pues no, Don Rafael, no me pagan". El maestro se molestó: "Muchacho, pues tu vas al periódico y les cuentas que YO te mandé a decirles ¡que te paguen por tu trabajo! Tú necesitas dinero para zapatos y para el cine." Lo Hice, y de ahí me pagaron: ¡$10 por columna! ¡Gracias, Don Rafael!

☑ La columna brindaba otro beneficio: el Caribe Hilton me invitaba al debut de los artistas en su Club Caribe, para que los reseñara en El Mundo. En el periodiquito 'Palacete' de La Central High colaboraban conmigo Efraín "Lopito" López y otros, pero a los shows me acompañaba, Adolfo López (porque conseguía carro)... Allí pedíamos refrescos. Los veteranos periodistas pedían comida. Tarde supe que las comidas ieran de cortesía! Sorry, Adolfo.

☑ De adulto, "Lopito" fue un "ícono" publicitario en PR, con la agencia 'Ileana, Lopito & Howie'.

Del anuario 1959, Escuela Superior Central
ALFRED HERGER

Están personificados en Alfred la seriedad, la generosidad y la acción. Recuerda con mucho cariño las experiencias vividas como representante de nuestro Palacete en Port Washington, New York. Posee una magnifica voz narrativa y la llevó a la locución. Logró adueñarse del corazón de muchos adolescentes mediante su pluma brillante en el campo del periodismo. ¡Que se logren tus más caros deseos Alfred!

CONFIDENCIAL

Yo recolectaba información y noticias sobre el mundo del disco, de nueve fuentes formidables:

1- Don Ángel Fonfrías, gerente de Peer Music, me facilitaba información sobre nuestros compositores: Rafael Hernández, Pedro Flores, etc. y de como andaba la música de aquí, por allá.

2- Don Antonio Contreras, representaba importantes sellos (como SEECO y DECCA). Me mantenía al tanto de nuevas grabaciones.

3- Don Charlie Ferrer (primo de José Ferrer, ¡nuestro actorazo!), tenía la tienda CHARLES' en el Condado. Él me prestaba revistas como Cash

Box, Billboard, y Record World, que yo me leía de rabo a cabo...

4- Don Sicinio Fuentes, dueño de "El Último Hit" me dejaba copiar las historias de los artistas de las carátulas de los Lps y me daba primicias (como cuando la canción italiana "Volare", iba para el 1er lugar en los EU, ¡esa semana lancé la noticia!).

5- Don Francisco Aranzamendi, hijo, con su 'Desfile de Éxitos' en WAPA Radio, ¡me inspiraba!

Para los discos de más venta siempre visitaba:
6- En Santurce, El último Hit, en la parada 23.

Y en el viejo San Juan, donde se agrupaban:

7- Marvela (uno de los dueños, Félix, fue vecino nuestro en Altamira).

8- Fragoso (el dueño le producía los discos a Pepito Torres y a Papá Candito).

9- Balseiro (del prestigiado compositor, Don Juan Ramón Balseiro, padre de la también compositora Puchi Balseiro). A él, un tiempo después, mi papá le compró la tienda:

TEMAS Y TITULARES

En mis 10 años con El Mundo, me publicaron alrededor de 500 escritos. Una muestra de los *'temas y titulares'* durante los primeros años:
- ¿CÓMO SE HACEN LOS DISCOS?
- LOS SENSACIONALES 5 LATINOS
- HARRY BELAFONTE: TODO UN ARTISTA
- LA MAGIA DE LA ESTEREOFONÍA
- EDDIE FISHER, LIZ TAYLOR Y DEBBIE REYNOLDS
- LA TELEVISIÓN EN EUROPA
- CÓMO YO DETERMINO LOS ÉXITOS
- JAZZ A LA ORDEN
- ANIVERSARIO DE ARTURO SOMOHANO
- MÚSICA AMERICANA Vs. COMUNISMO
- LUCHO, SARITA, GILBERTO Y LOS ASES
- EL TRIUNFO DE 'AL DI LA'
- ¿CÓMO NACE UNA ESTRELLA?
- ANALIZANDO A LOS BEATNIKS
- UN HOMBRE Y UNA ILUSION: URDANETA
- ¿SERÁ PACHANGA O CHARANGA?
- BOSSA NOVA – NUEVA SENSACIÓN
- SALVEMOS A SALVADOR AGRÓN
- LO POPULAR EN RUSIA
- ROBERTO YANÉS EN PUERTO RICO
- ANTONIO Y JOAQUÍN PRIETO
- ¡ADELANTE! MARCO ANTONIO MUÑIZ
- EL TWIST DE SOCIEDAD
- AFAMADOS ARTISTAS VISITAN LA ISLA
- MACHUCHAL EN NUEVA YORK
- EL RETORNO DE ELVIS PRESLEY
- Etc. etc. etc.

CONFIDENCIAL *LO ESENCIAL DE MIS COLUMNAS: principalmente eran los éxitos de la semana. Para engordarlas les agregaba reseñas sobre los nuevos discos y las salpicaba con temas de interés, noticias de artistas y letras de canciones. En especial las de inglés, pues captaba muy bien las letras.*

Tu Hit Parade

Por Alfred D. Herger

Estudiante de la U.P.R.

LAS 12 FAVORITAS

1. Tengo que Acostumbrarme — Diferentes Versiones
2. Triángulo — Los Tres Reyes
3. Potpurri Guajiro — Marco Antonio Muñiz
4. Muñeco de Trapo — Diferentes Versiones
5. Dream Lover — Diferentes Versiones
6. Playboy — Marvelettes
7. Sherry — Diferentes Versiones
8. The Wobble — Diane
9. Don't Play That Song — Ben E. King
10. Cuando Cuando Cuando — Diferentes Versiones
11. Limbo Rock — Chubby Checker
12. Mi Amor Por Ti — Marco Antonio Muñiz

Rezagada: Twist And Shout — Isley Brothers.
Pronóstico: Que Gente Averigua — Mon Rivera.
Subiendo: Dolores — Mon Rivera con Joe Cotto.

EN LAS TIENDAS DE DISCOS SIEMPRE PONÍAN MIS COLUMNAS A LA VISTA.

"A YOUNG JOURNALIST"

Admiré al famoso Maurice Chevalier por sus películas, en especial "Gigi", y sus canciones, como *"Thank Heaven For Little Girls"*. El carismático *"chansonnier"* Francés era un astro internacional. Se presentó en El Hotel San Juan.

Hice arreglos con el hotel para entrevistarlo y amigablemente me recibió en el lobby. La entrevista la hicimos caminando por los predios del patio y el área de la piscina. En un momento lo rodearon unas turistas americanas, muy fanáticas suyas. Las saludó amablemente y les dijo algo así: *"My friend Alfred is a young journalist, and we are doing a walking interview... so if you'll excuse us, dear ladies, I'll catch you all later"*. Me sentí muy bien con esa elegante salida.

Cuando Chevalier vino a Puerto Rico estaba ya rondando sus setenta años. La noche de la entrevista fui a ver su show y me sorprendió como, al llegar al *'spotligth'* se transformaba: de un señor mayor, a un energético *'showman'*, ¡dominando el escenario!

DE UN REPORTAJE POR XAVIER J. ARAÚJO:

Parafraseando: "En casa de Alfred en Bay View, Cataño, tras las cortinas de la sala esperaban sus amistades. Él los anunciaba, y salían cantando o bailando al son de los discos y la Hi Fidelity. Desde entonces nunca cesó su fascinación por los espectáculos musicales.

En la Escuela Superior Central empezó a desarrollarse como periodista dirigiendo 'El Palacete', dándole un formato al boletín como las revistas 'Mad', 'Dig' y 'Modern Teen', que leía con pasión. El giro fue un hit entre los estudiantes.

Su columna en El Mundo era muy leída y en las tiendas de discos la usaban para promocionar "hits", pues contenía valiosa información de artistas, curiosidades, anécdotas y reseñas de quién estaba grabando, o filmando qué. Sobre el rock n' roll, Alfred nos dijo: 'Era diferente, música para jóvenes, hecha por jóvenes, ¡y tocaba la fibra juvenil!' A él todo esto le resultaba muy emocionante."

CONFIDENCIAL PASÉ UN MALRATO

☑ *De reportero adolescente, algo inesperado me me sucedió: artista de mucha fama que fuí a entrevistar, en vez de bajar al lobby, me pidió que subiera a la suite. En mitad de la entrevista se sienta a mi lado y "cariñosamente" pone su mano sobre mi muslo... brinqué asustao ¡y me fui más rápido que ligero! Lección aprendida.*

Y... LLEGÓ EL 1960...

Es mi 2do semestre de la *"iupi"* y sigo deslumbrado por las hermosas estudiantes (sin uniforme escolar). ¡Me sentía en el paraíso!

En clase, un profesor pide nos presentemos, *"Aunque se llame Juan Pérez"*. Un compañero se levanta: *"Me llamo Juan Pérez"*. Todos reímos. Era Juan Pérez... Jiménez, el futuro Hon. Juez de la Corte Federal. También compartí clases con Dean Zayas, Antonio "Topo" Cabán Vale y otros.

CONFIDENCIAL Muchas veces fui al 'club house' Phi Sigma a ver a Raulito Juliá hacer su parodia de *"Por un maní"* ('Tengo una bolita que me sube y me baja, ay!') -en diferentes acentos- y las imitaciones de Belafonte y Presley. Le proponía convertirlo en ídolo juvenil, grabando 'rock' con mis letras en español, pero ¡no estaba interesado! (Él era mayor que yo **y tenía otra visión**.) Al poco tiempo Paquito Cordero le produjo un programa. Animaba Pedro Zervigón y tenía un 'look' al estilo del *"Perry Como Show"*.

Entré a la Fraternidad Nu Sigma Beta –mi amigo Jorge me auspició. Eso me daba acceso a 'La Torre', donde se ubicaban chicos y chicas de las diferentes fraternidades y sororidades. O sea, que *me colé* en el ¡UPR Disney World!

Pero la semana de iniciación fue dura. *Si queríamos dulce, teníamos que ganárnoslo.* Los *"gusanos"* nos hermanamos, y los iniciadores... pues algunos eran represivos y otros protectores. Al que más recuerdo es a Quique Martí (quien después fué oficial en Vietnam y a su regreso descolló como publicista –un orgullo para todos). En los momentos en que Quique me iniciaba...

<u>Él y los frates me dieron una ingeniosa tarea:</u>
al tope de las escaleras en 'la torre' tenía que leer en voz alta, frente a todos, la lista de éxitos de mi columna, pero añadiéndole las frases *"por delante"* y *"por detrás"*. Algo más o menos así:
"*¡Ay Cariño!, por delante.*
La Muerte, por detrás.
Lonely Boy por delante.
La Pachanga, por detrás.
La Boa, por delante.
La Montaña, por detrás.
Ansiedad, por delante.
Sabor a Mí, por detrás.
It's Now or Never, por delante
Tuntuneco, por detrás.
Pinocho, por delante
No Me Hagas Llorar, por detrás.
Dice Que Me Quiere, por delante.
Negrura, por detrás.
El Pájaro Chogüí, por delante.

LOS 'TEENAGERS'...
Y
¡EL ROCK AND ROLL!

(CUANDO LOS DESCUBRÍ)

"BACK TO THE ~~FUTURE~~ PAST"

Un poquito para atrás, por favor.

Rondaba los 14 años cuando en el Teatro Metro de Santurce vi el film "Blackboard Jungle (sobre "teenagers") con Glenn Ford y Sidney Poitier.

Esta película me emocionó demasiado.

Al comenzar los créditos ¡se estremeció el teatro con la música del tema: "Rock Around The Clock" por Bill Haley y sus Cometas!

El impacto que aquello tuvo en mi fue TAN GRANDE, que desde ese momento se me despertó el afán por el "Rock and Roll"... tenía deseos de saber TODO sobre esa música,
Y SUS INTÉRPRETES.

Para mi suerte, dos años después, de la Port Washington High School en Nueva York, escribieron a la Central, pidiendo un estudiante que dominara el inglés. Querían invitarle allá –con todos los gastos pagados –para hablar sobre Puerto Rico en el Club de Español. Como estudié en la St. John, yo *masticaba* el inglés de lo más bien y por eso me escogieron.

En ese viaje me compenetré con el estilo de vida de los *"teenagers"* americanos: gustos, pasatiempos, y el "rock n' roll". Nos movíamos en un *hot rod* convertible (donde escuché por vez primera *"Venus"* de Frankie Avalon). Pasábamos tiempo en el ático, arriba en la casa (allí escuché *"Happy Organ"* por primera vez.)

Me hospedaron en casa de la presidenta del club de Español. Su padre era el jefe de la policía y su novio –el del *hot rod*– tenia pasión con *"Yogi Bear"*. Usando un sombrero como él, lo imitaba en su voz y expresiones. (Era un poco insoportable.)

Cuando los estudiantes me llevaron a un *picnic* playero nocturno en Jones Beach, prendimos una hoguera ¡y todas las parejas se me desaparecieron! Me quedé solito en la playa. :-(

La fiesta de mí despedida fué en la mansión de Jack Lacy, ¡un popular disc jockey de *Radio 1010 WINS New York*! ¿Casualidad? Le conté de la columna y mi programa radial, por lo que al otro día, me llevó a la estación, donde conocí a los demás locutores. (¡Y me regalaron un montón de discos –"*DJ Samples*"!)

CONFIDENCIAL

Ahh, pero en aquella fiesta de despedida, en el tremendo patio de la mansión Lacey, le ensené a TODAS las chicas a besar estilo "french kiss" –que no lo conocían. ¡Hicieron fila para entrenarse conmigo! Creo que en ese momento cambié la cultura de Port Washington. :-)

En esa visita a New York, descubrí el programa que veían todos los *"teenagers"*, todas las tardes: "American Bandstand" de Dick Clark. Mi shock fué como el del cine Metro. ¿'Plan Divino'?

La idea me pareció requete fantástica: un grupo de adolescentes bailando ante las cámaras de televisión al son de los discos de moda.
¡SENCILLAMENTE GENIAL!

Y no se los voy a negar:
¡me imaginé animando un programa
de *"teenagers"* igual que el de Dick Clark!

MI AVENTURA CON LOS: NEW YORK DISC JOCKEYS y ¡Mr. DICK CLARK!

Regresé con la cabeza llena de ideas.

Meses después, me gradúo de la Central y pido a mi familia que me hagan regalos en *cash*. Con eso, ese verano viajé solito a Nueva York, donde entrevisté para mi columna de El MUNDO a los "disc-jockeys" más importantes:

Alan Freed, el "Padre" del rock and roll, Murray The "K" (el "quinto Beatle") y Bruce Morrow, ("Cousin Brucie"), entre otros.

CONFIDENCIAL * *Mr. Alan Freed me atendió en el lobby de la WABC, sin cita. ¡MUY amable! Lo esperé al terminar su programa nocturno... ¡y lo acorralé!*

* También visité (pero con cita) al pionero radial Mr. Martin Block, el creador del concepto "disc jockey show". Estábamos en 1959, pero él hacía su show en un gran estudio, con personas elegantemente vestidas, sentadas frente a los micrófonos en una mesa grande, ovalada.

Después del programa, me contó cómo se inventó la profesión de "disc jockey": en la década del '30, él transmitía desde un hipódromo y le tocaba rellenar el tiempo entre las carreras.

Para esa tarea se llevaba acetatos (discos) de programas con las "Big Bands".

Él entresacaba y presentaba números musicales, dando detalles sobre los compositores, músicos y cantantes. Y como a los jinetes se les llama 'jockeys' y él, desde el hipódromo 'se montaba' sobre los discos...¡se auto-nombró "disc-jockey"! Luego, en 1940 creó "Make Believe Ballroom", un programa al estilo de los salones de baile, los "ballrooms" (que tenían 'bandstands').

* Después me fui en tren a Philadelphia, a entrevistar al maestro, Mr. Dick Clark, en su "American Bandstand".

Cuando llegué Los artistas invitados de Dick eran Bobby Rydell, (estrenándose con "Kissing Time"), y Annette,  estrella de Disney.
(Bobby y yo no dejábamos de admirarla.)

En Philadelphia me hospedé en la YMCA. Bill Mallery, cuñado de Dick, estaba 'a cargo de mí'. Esos días estuve presente en todos los programas... hacía preguntas y tomaba notas.

De Dick Clark aprendí la formula de aquel gran show "AMERICAN BANDSTAND". Generosamente él me la explicó en detalle, animándome a que hiciera un show similar en P. R. ¡Increible!

CONFIDENCIAL ☑ *Dick se encerraba en un closet a grabar los textos de los anuncios. Luego en el show se ponía un audífono y operaba la mini grabadora con el pié, escuchando su propia voz dándole la letra (que entonces repetía ante la cámara). ¡Qué buena idea!*

☑ *Del programa me llamaba mucho la atención una chica,* **Carol** *Scalfaderi. Parece que el señor Clark notó que me tenía babeando y me dijo: "Mañana te presento para que demuestres como bailan en Porto Rico los teenagers. ¡Y puedes bailar con Carol!"*

¡A mí me dió de tó! Le imploré: "No me haga bailar, por favor, ¡que soy un bailarín terrible!" Él y Bill se miraron y soltaron carcajadas. "Está bien Al, no te voy a poner en un aprieto, tranquilízate." (¡Me estaban corriendo la máquina!)

Al finalizar mi visita, viajé a New York en la *'station wagon'* de Dick (durante el trayecto él dormía en un matress tendido atrás). Pero no ese día: se había ido temprano 'a la ciudad' –a una reunión en la ABC (donde era "la gallina de los huevos de oro"). Su ausencia permitió que yo aprendiera una GIGANTESCA lección... CONFIDENCIAL Viajaba con Bill Mallery manejando, y Mr. Jack Spina, el *'manager'* de Pat Boone, quien me educó así: "Alfred, Mr. Clark me comentó que quieres hacer un programa similar en Puerto Rico, pero me imagino que no te explicó la historia del show... Resulta que Dick no fué su originador, él hacía 'el estado del tiempo' del noticiero. Quien creó el show fue Bob Horn, el disc-jockey estrella de la WFIL Radio.

Pero Horn no controlaba sus pasiones: el juego, la bebida y las teenagers. Cuando le probaron que sostenía relaciones con una de las chicas del programa, ¡lo metieron preso! El puesto se lo dieron a Dick ¡Que ha hecho maravillas con el show! Hasta consiguió que ABC lo encadenara, nacionalmente, desde Philadelphia, ¡a diario!"

El mensaje estaba claro... Regla de Oro:
TEENAGERS, ¡INTOCABLES!
(Pensé que Dick quería que yo lo supiera.)

Al correr del tiempo nos encontrábamos en convenciones de *Billboard* y Dick siempre me preguntaba sobre mi carrera, mi vida, mis proyectos... y me daba consejos. (¡Era mi *coach*!)

Para el debut de Steve Alaimo en el Copacabana de N. Y. recibí de Mr. Henry Stone, el manager de Steve, invitación y pasaje. Me sentaron al frente, ¡en la mesa con Dick Clark! Aquella vez me dijo que podía considerar grabar en P.R. una semana de *"Where The Action Is"* con Alaimo de animador. (Pero eso no se logró –parece que resultaba muy costoso.)

STEVE ALAIMO

DICK

CONFIDENCIAL Mi programa estilo "Bandstand" tuvo que esperar: le presenté la idea del show a los directores de programación de los canales 2 y 4, pero nunca contestaron. Eventualmente pude realizar el programa como *"TEENAGER'S MATINEE"* por WKBM TV canal 11, contratado por Don Rafael Pérez Perry.

#ENTRO A LAS GRANDES LIGAS

¡MI AVENTURA

EN

EL SHOW FORD!

Antes de entrar al canal 11, hice varias veces el "SHOW FORD" de Telemundo, co-animando junto a Braulio Castillo, padre, invitado por Don Paquito Cordero su productor. (Uno de mis primeros "padrinos".)

Paco me citó a un apartamento donde se estaba mudando, para planificar. (Y para que le ayudara con las cajas.) Él estaba al teléfono con el empresario Venezolano Jesús Guevara, *"Guevarita"*, para traer a Héctor Cabrera... pero, sólo si a cambio le contrataba a Gilberto Monroig. Héctor vino, pegó *"Muñeco de Trapo"* iy se casó con Sonia Noemí González! (Pero antes de llegar Héctor y de ella grabar con RCA, le produje a Sonia su 1er LP, *"Quisiera Ser Princesa"*.)

Sigo con la reunión: a Paquito yo le diseñaría programas 'especiales' con los hits de la temporada. Estos serían escenificados por las estrellas del Show Ford: Tito Lara, Los Hispanos y Sonia Noemí. (Al cabo de un tiempo también llegamos a dramatizar mi éxito radial, *"El Hombre del Satélite"*.

En una memorable ocasión entregué los "TROFEOS HIT PARADE" a: Rafael Hernández, Los Hispanos, Tito Lara, Sylvia Rexach, Tito Enríquez, Emma Roger, Rafael Muñoz y Sonia Noemí González.

Con Don Rafael... y Braulio

Un adolescente entre leyendas.

SECRETOS REVELADOS

Y entonces...

PAUL ANKA
LA AVENTURA DE
¡MI PRIMER ARTISTA!

Antes de "Teenager's Matinee", cuando cumplí 18 años, organicé la visita del primer ídolo juvenil que llegó a Puerto Rico: PAUL ANKA –uniendo esfuerzos con su "manager" Irving Feld.

Con la ayuda de los hermanos Rafael y Guillermo Álvarez Guedes publiqué la edición de colección:

"Paul Anka Album"

SECRETOS REVELADOS

PAUL ANKA VISITA AL GOBERNADOR—
EL IMPARCIAL

¡ACAPARAMOS LAS PRIMERAS PLANAS!

(CONFIDENCIAL) ALFRED D. HERGER

EL MUNDO

DIARIO DE LA MAÑANA

EL PRIMER DIARIO DE PUERTO RICO CON CIRCULACION CERTIFICADA

SAN JUAN, PUERTO RICO — VIERNES, 6 DE ENE

En Santurce
Se Paraliza Tránsito, Miles Invaden Tienda: Paul Anka

Por Héctor J. Mejías

Más de 2,000 personas invadieron la tienda Woolworth's en la parada 18 y otras tantas llenaron los alrededores de dicho establecimiento comercial con motivo de la presencia allí del cantante Paul Anka. Fue necesario utilizar un helicóptero que aterrizó en la azotea del edificio donde está ubicada la tienda para rescatar al joven artista canadiense del continuo y desenfrenado asedio de sus admiradoras.

El gentío fue tan grande que produjo un tremendo "tapón" que paralizó el tránsito a lo largo de la avenida Ponce de León por todo Santurce, desde el Puente Dos Hermanos hasta más allá de la parada 22. Dentro de la tienda, avalancha de adolescentes se disputan el paso frenéticamente en el intento de llegar hasta los pies de la tarima improvisada en que Paul Anka firmaba autógrafos, portadas de discos Long Play, retratos suyos, pedazos de papel en blanco que (Continua en la Pág. 12 Col. 8)

equipado con cafés. Entró en servicio después que Fidel Castro, a principios del martes, ordenó la reducción a once personas del personal de la embajada. Estados Unidos respondió al insólito reclamo el rompimiento de relaciones diplomáticas.

Eugene Gilmore, jefe adjunto de misiones y funcionario a bordo de más categoría de la embajada dijo que hay solamente ahora unos 2,000 conciudadanos en Cuba y añadió que les ha aconsejado salir del país.

Paul Bethel, agregado de Prensa de la embajada, explicó que no quedan más de 300 norteamericanos en la Gran Habana (Continua en la Pág. 12 Col. 5)

Estuve altamente creativo en su promoción. Hasta le manufacturé una visita multitudinaria a la tienda Woolworth, en el corazón de Santurce. Paul reseñó la versión 'oficial' del evento en la pg. 118 de su biografia, *"My Way"*, pero aqui yo les cuento LA VERDAD de lo que pasó aquel día.

CONFIDENCIAL * Para la misma tarde de Woolworth, pauté entrevistas radiales con el artista, culminando con dos emisoras que ubicaban a unos bloques de la tienda. En cada radio exhortaba al público a ir con tiempo a la tienda, y además advirtiéndoles que las puertas permanecerían cerradas hasta que llegáramos. La cita era en el horario del 'tapón' de autos de las tardes y naturalmente el tránsito se detuvo totalmente. En su afán por ver al artista, al abrir las puertas, el público entró 'en tropel', tumbando estantes. Yo "tuve que sacar" a Paul Anka por el techo –en helicóptero, ¡para el desmayo de los periodistas! (Todos subieron a cubrir la noticia. ¡Ésta le dió la vuelta al mundo! Lo comprobamos por los muchos telegramas y llamadas que Paul recibió.

* PERO... SHHH, EL HELICÓPTERO YO LO HABÍA CONTRATADO DÍAS ANTES. (El piloto fue al techo y marcó las líneas para aterrizar.)
Paul quedó fascinado con todo y me dijo que "Teníamos la misma edad y éramos sobresalientes: él en su música y yo como promotor".

* A Paul Anka me lo pegaron los disc jockeys de WKVM Radio, principalmente Orlando Rímax. En otras emisoras: Rey Moreira, Johnny Morales y Pichín Román (él me apodaba Alfred 'Polanca' Herger). ¡A Todos... GRACIAS!

Anka And Einstein

Almost 3,000 teen-agers nearly wrecked Woolworth's yesterday in an effort to get near Paul Anka, the teen-age world's singing idol. He had to be rescued by helicopter.

When Albert Einstein arrived at Princeton some years ago, we seem to recall, he was greeted by about 30 persons.

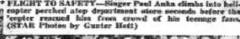

FLIGHT TO SAFETY—Singer Paul Anka climbs into helicopter perched atop department store seconds before the 'copter rescued him from crowd of his teenage fans. (STAR Photos by Cavier Hett)

CONFIDENCIAL *Cuando el helicóptero se elevó, ¡una fuerte ráfaga lo impulsó hacia la multitud! ¡Gracias Sr. Piloto! Pero en especial... **¡Gracias a Dios! porque no hubo tragedia que lamentar.***

CONFIDENCIAL
EL ANTES Y DESPUÉS DE PAUL

Cuando Paul Anka pegó originalmente, su cara era diferente a cuando nos visitó en Puerto Rico. Su nariz natural era bastante protuberante, acorde a su herencia Libanesa. Pero Paul no estaba contento con su look. Valientemente tomó una decisión que bien pudo derrumbar su imagen –y terminar su carrera.

Convirtiéndose en un pionero en el campo de las operaciones estéticas a famosos, él se 'autodiseñó' como un nuevo Paul Anka: con cirugía plástica. Una nueva nariz... otros detallitos, y el cuerpo más delgado. ¡Una nueva personalidad!

La inversión le resultó, pues quedó luciendo bonito y sexy, lo que lo impulsó hacia la era de los ídolos juveniles "good looking".

Paul Anka, ¡siempre un campeón!

CONFIDENCIAL *"El terrible Paul Anka".*
Para el debut aquí de Paul, mi padre, quien traía sus dicos, se compró un elegante traje nuevo. En el lobby del Club Caribe ubicó una mesa para vender los álbumes del artista. (Especialmente "Anka at the Copa", grabado en vivo, muy apropiado para escuchar después de haber visto su colosal show.) Desde ese evento en adelante mi viejo usaba aquel traje en nuevas situaciones importantes "para la buena suerte". Le quedaba muy bien. Orgullosamente apodaba su 'flus' como "el terrible Paul Anka."

1961

En 1961 grabé un jocoso disco que pegó en Puerto Rico, República Dominicana, Colombia, Nueva York latino y la colonia cubana de Miami. Inspirado por el hit *"Flying Saucer"* y por la conquista del espacio, lo titulé *"El Hombre Del Satélite"*. Fue distribuido por otro de mis *"padrinos"*, el dueño de Discos GEMA:

Don Guillermo　　　　Álvarez Guedes

En la "entrevista" del disco, mis preguntas son contestadas con pedacitos de canciones por artistas GEMA, como Rolando La Serie, El Gran Combo, Monna Bell, Tito Lara y otros. ¡muy divertido!
(PUEDEN BUSCARLO EN YouTube)

EL HOMBRE DEL SATÉLITE

CONFIDENCIAL Años después, cuando 'llegamos a la luna', Álvares Guedes re-editó mi disco con el título de "Hombre en La Luna". No le cambió ni una palabra... ¡y se vendieron varios miles más!

Nota: en You Tube "Hombre en La Luna" se escucha con mayor fidelidad que el original.

EL HOMBRE DEL SATELITE
Libreto y narración por Alfred D. Herger, –adolescente.

INTRO: música de El Gran Combo, que se corta:
"Interrumpimos este programa para llevar a ustedes una transmisión especial desde cabo Cañaveral en la Florida. ¡Y ahora nuestros micrófonos pasan a cabo Cañaveral...

SONIDOS DE TRANSICIÓN Y DE GENTÍO
Señoras y señores este es Alfred D Herger transmitiendo desde cabo Cañaveral en la Florida. En el día de hoy se tratará de poner en órbita a una pareja de recién casados a bordo de un satélite. Inmediatamente vamos a entrevistarlos.

Señor piloto... ¿Qué es lo qué pasa?

No no pasa nada, queremos saber ¿quién es usted?
"¿Que importa saber quién soy?"

¿Porque está tan triste? "Tengo una pena en el alma."

¿Es que usted cree que se está jugando algo en este experimento? "La vida mía."

¡Vamos no seas pesimista, alégrese! "Ja jaa ja."

¿Cree usted que el hombre pueda conquistar el espacio sideral pronto? "Pasarán más de mil años, muchos más."

Explíquenos ¿que hace funcionar el cohete?
"¡Tiene un motor que camina pa'lante y un motorcito que camina pa'tras!"

Bien, ahora díganos ¿cuál es el nombre de su esposa?
"Amalia Batista."

Señora, ¿qué siente usted en este momento? "Ansiedad."

Bien amigos la pareja ya se ha subido al cohete y ahora vamos entrevistar al científico que los va a manejar por control remoto, ¿Cómo está usted profesor?
"Pues ahí como cuando tú eras pobre."

¡Mire, no se prende el cohete! ¡Diga algo el profesor!
"¿Que lo que pasa aquí, ah?"

Señores científicos, ¿Cómo se puede prender el cohete?
"¡Menéalo, menéalo!"
¡Y ahí ya sale el cohete! (SONIDO DE PROPULSIÓN)

SEGUNDA PARTE (El otro lado del disco 45)

Señoras y señores estamos transmitiendo nuevamente. ¡Tratamos de comunicarnos con la pareja de recién casados que se ha puesto en órbita en un satélite!

Señores científicos, ¿ qué ustedes creen que está haciendo ahora el cohete? *"¡Volare, oh oh!"*

¡Contesten, los del cohete, contesten! Díganos usted señora, cómo va? *"Voy subiendo, subiendo."*

Señor piloto, ¿cómo se ve la tierra desde allá arriba? *"¡DE PELÍCULA!*

Ahora, ¿qué está viendo?
"La ola marina, ¡mira la vuelta que da!"

Pero... ¿ qué sucede? ¡parece que la parejita ha tenido su primer pelea matrimonial! El piloto se lamenta...
"Para mí todo es negro ya."

Profesor dígale al piloto ¡cómo convencer a su esposa!
"¡Cúcala, cúcala que ella sale!"

Señor piloto, ¿que hará usted si su esposa no le hace caso? *"¡Le tiro la palangana y le doy con el guapachá!"*
Señor Profesor ¡sugiérale un piropo bonito al piloto! *"¡Perfume de rosas tiene tu alma!"*

Bueno parece que ya por fin se han contentado. Aquí nos llega un mensaje de los rusos para el piloto de la nave: *"Bájate de esa nube… y ven aquí a la realidad"*

Y el piloto les contesta: (Sonido de trompetilla).

Los aliados le dicen a los rusos: *"Buchipluma nomás, eso eres tú buchipluma nomás"*

Ahora los americanos le hacen una advertencia a los rusos: *"Doña Mariquita no meta la mano porque si la mete la pica el gusano"*

Y ya se ha completado la órbita del satélite amigos, ¡aquí ya regresa el cohete! (SONIDOS DE ATERRIZAJE)

Llegaremos hasta el piloto. Señor piloto, ¿tiene algo que decirle a su pueblo? *"¡Señores que pachanga!"*

Usted es muy valiente, díganos ¿con que se sostuvo allá arriba? *"Con el pucho de la vida."*

Señora cuéntenos usted, ¿qué le dijo su esposo para contentarla? *"Nena, ¡me decía loco de pasión!"*

Señora, ¡hay para ustedes un millón de dólares! *"¡Ya lo sabía!"*

Y ahora una última pregunta para el piloto ¿que va hacer usted con todo ese dinero, piensa celebrar? *"Esta noche me emborracho bien, me jalo bien jalao, ¡pa' no pensar!"*

SONIDO DE CIERRE

¡FANFARRIA!

¡TEENAGER'S MATINEE!
¡Casi dos años después!

POR FIN LLEGA...

(Comenzó a mediados del '61... ¡y ya nada fue igual!)

CONFIDENCIAL ¿Cómo logré entrar a WKBM TV, canal 11? Pues mi mayor fanática, la tía Líchin (Lieschen Herger de Cuétara) trabajaba allí. En una reunión del staff Don Rafael Pérez Perry anunció que quería poner por las tardes un programa como "American Bandstand", ella brincó diciendo:"¡Mi sobrino conoce a Dick Clark, y él le dio la fórmula del show!"

Mr. Pérez le preguntó "¿Quien?" –"¡Pues Alfred D. Herger, el joven columnista de EL Mundo que trajo a Paul Anka y ahora tiene pegao el disco de 'EL Hombre del Satélite'!"

Eso bastó para convencerlo.

Mr. Pérez Perry
(Se inventó el título de "Teenager's Matinee".)

Me ofreció contrato como productor, pues quería de animador a Junior Vásquez, el disc-jockey de la juventud en su emisora radial

WKVM
Mi pana Junior Vásquez.
(Me enseñó a bailar la pachanga.)

En la prensa: "La Motocicleta" y "Multiplicando"

"MAJANDO PAPAS"

Este es otro de los bailes más populares de nuestros días. Con una en el bolsillo y la otra en el aire nando los dedos, los jóvenes h círculos en el piso con sus pies, si pisaran algo, o mejor dicho, con "majaran" algo.

Desde aquel tiempo hice amistad con la mano derecha de Mr. Pérez, el joven Ingeniero Don Jesús Soto, quien eventualmente fundaría Uno Radio Group y su poderosa red radial (donde hoy día tengo mi programa semanal *"Siempre Alfred"* todos los sabados, desde las 5 de la tarde). Él había estudiado en la Escuela Superior de Lares cuando mi abuelo, Mr. Alfred A. Herger era el principal y mi tía, Miss Lieschen Cuétara era su maestra de inglés. ¡Qué chiquito es el mundo!

CONFIDENCIAL Lamentablemente, para Junior Vásquez, cambiar del anonimato radial, para estar frente a las luces, las cámaras y un público bullanguero, le resultó difícil. Se le olvidaban las líneas ¡y se ponía muy nervioso! Un día nos trajeron como invitado a Enrique Guzmán, el ídolo de la juventud Mejicana –y de lo ansioso que estaba Junior, terminó la entrevista bien rápido.

En aquellos shows participaba el peposo Jósian Medina, que me traje de la Central High.

PERO MR. PÉREZ NO SE SENTÍA CONTENTO CON EL PROGRAMA... Y QUISO HACER CAMBIOS.

En una urgente reunión, la conversación parecía sacada del Chavo del 8:

"Junior renunció, y ahora, ¿quien podrá animarme el programa?"

Le contesté: *"¡Yo, el amigo de Dick Clark!"*

Desde entonces me mantuvo *"a prueba"* como animador del "Teenager's Matinee".

"¿Cómo lo estoy haciendo, Mr. Pérez?"
"Bastante bien... ¡pero puedes mejorar!"

La aventura del programa me duró como tres años. Tuve inmensas satisfacciones: como por ejemplo, tener la juventud del país siguiendo mis iniciativas –haciéndolas suyas y respaldando todas las cosas que hacíamos.

¡Eso no tenía precio!

Era la época de Vietnam, había protestas y lucha por los derechos civiles en E.U. Pero la juventud de aquí tuvo *'terapia musical'*, con sus artistas juveniles y los divertidos bailes.

En cuanto a mí, el conocer personalmente, cultivar la amistad y aprender de invitados que eran legítimos ídolos del hit parade americano... Hey! Participar del desarrollo de nuevos artistas americanos y boricuas: *mucho bueno*. Poder presentar y servir de plataforma de lanzamiento a nuestros artistas juveniles, ¡Increíble!

Definitivamente hubo intervención divina.

CONFIDENCIAL *Mr. Pérez sintió la fuerza del público joven y ¡decidió respaldar nuestros gustos con su poderosa emisora WKVM Radio! Impartió instrucciones a Doña Gina Rivera –gerente de la radio– para que programara las canciones en inglés y español que tocábamos en el Teenager's Matinee. A los primeros nuevaoleros eso los catapultó, –de desconocidos, ¡a estrellas! Chucho, Diana, Charlie y Lucecita fueron muy beneficiados. Alfred, su productor y 'manager' quedó 'montao' en el mundo artístico.*

(Y ahí nació, "Discos Rico-Vox", de mi padre.)

¡GRACIAS Mr. PÉREZ!

Pero... (siempre hay un pero): yo producía y animaba el "Teenager's" seis días a la semana. Ademas, los miércoles producía y animaba "Twenty Ager's Club", el popular show nocturno para adultos que Mr. Pérez se inventó.

ERA MUCHO.

¡Tuve que dejar la Universidad!
Pero no dejé mis Boy Scouts, ni la tropa 11...
Alcancé "Virgil Honor", editaba "El Cemí", y era el "Jefe" de logia en el selecto grupo:

"La Orden de la Flecha".

Recientemente el Lic. Héctor Luis Acevedo, ex-Alcalde de San Juan, me dijo: *"Apreciábamos que aún siendo una estrella de TV, seguías con nosotros en la Orden de la Flecha."*

No obstante, me hacían llevadera la tarea los compañeros técnicos del 11:

Jorge Roque "Menor" y Claudio Rosario
(los mejores camarógrafos),
Willie Santos (bailaba ¡wow! y coordinaba),

Marcelino Miranda "Atúki" (que me musicalizaba los shows y me daba consejos sobre la música, los artistas, el público... y la vida).

Hirám Rodríguez, Marengo, Mongüí, Urbina...
y compañeros como éstos:

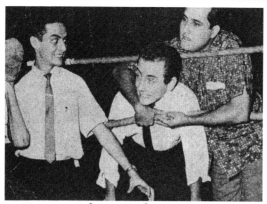

Jimmy Díaz y César Augusto.

CONFIDENCIAL Mas sobre el 'pero': yo pensaba que estaba ganando muy poquito: **$60 a la semana ¡por todo aquello!** Me armé de valor y le pedí aumento. Mr. Pérez se puso furioso y me dijo "¡Que no!" Yo le dije, "¡Pues me voy!" y me ripostó: "Pues vete". ¡Y yo me fui!

Pasaron 2 ó 3 semanas y 'Freddy' (Alfredo Ribas Dominicci), el gerente del canal me llama: "Los auspiciadores dicen que sin tí no siguen. Pero 'el viejo' no te va a llamar, ¡ven tú!"

Volví, y me subió el sueldo. (Pero no le gustó.)

WKBM - TV REMITTANCE STATEMENT				VOUCHER	Nº 5210	
INVOICE NO.	DATE	DETAILS		TOTAL AMOUNT	DEDUCTIONS	AMOUNT
	8/29/63	Alfred Berger Productions In payment of talent used during the period of July 1st thru July 13, 1963 in "TEENAGERS MATINEE" and "TWENTY AGERS CLUB".				$ 200 00

Aquí estoy doblando los éxitos de mis favoritos: Bobby Darin, Neil Sedaka, Ben E, King, Bobby Vee, Gene McDaniels, Johnny Burnette, y otros. Con las fonomímicas hice competencias y venían de toda la isla a doblar los hits. Recuerdo una chica doblando a Celia con *"Mi Bomba Sonó"* y un varón con *"Don't Play That Song"*. ¡Geniales!

CONFIDENCIAL El manager de Neil Sedaka me quería llevar a E.U. con las fonomímicas (pero yo no me atreví). Oops...

CONFIDENCIAL Le enseñé a Puerto Rico a bailar el twist así: "Con una toalla imaginaria haces que estás secándote la espalda y con los pies haces como si estuvieras apagando colillas. ¡Y ya estás bailando el twist!"

Ese no es Muhamed Ali, ¡es el verdadero

maestro del twist, Mr. Chubby Checker!

Traje a Brian Hyland, el del "Itsy Bitsy Teeny Weenie Yellow Polka Dot Bikiny" al Teenager's Matinee.
CONFIDENCIAL *Años después él pasó con Rosemary su luna de miel ¡en mi casa!*

También presenté la primer actuación de PAUL SIMON como solista. Nos cantó su "MOTORCYCLE". Estudiaba la universidad y estaba aquí de 'spring break' (En aquel entonces se hacía llamar Jerry Landis).

CONFIDENCIAL Cuando iba a presentar a Neil Sedaka, la primera de las muchas veces que nos visitó, le pregunté "¿Qué canción nos vas a hacer? Para mi sorpresa y beneplácito me contestó: "¿Cuántas quieres que haga?" (Los artistas no me cobraban, pues ellos venían a promoverse.)

CONFIDENCIAL Traje a Ben E. King con "Don't Play That Song" y "Stand by Me" sin tener que invertir un 'penny'. (Él estaba en islas vírgenes y me lo ofrecieron a porciento) Lo presenté en la U.P.R. para la inauguración del Centro de Estudiantes.

Lenny Welch

CONFIDENCIAL El sello Cadence me hizo escoger entre Andy Williams (que todavía no era muy famoso) y Lenny, que había grabado una bombástica pachanga en inglés titulada "Changa Rock". ¡Muy apropiada! ¡Su presentación fue un éxito! Shhhhh: el artista me cobró $700.00 semanales, y se lo pasé al Caribe Hilton por la misma cantidad. Ooops.

CONFIDENCIAL En un show en vivo presenté a Pat Boone –el cantante y actor que en un principio rivalizaba con Elvis Presley. Le caractericé a "Speedy González" de jíbaro –con todo y pava.

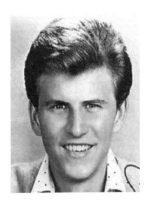

CONFIDENCIAL Desde temprano solidifiqué amistad con Bobby Rydell. Junto a su manager, Frankie Day visité su casa de Philadelphia y la mamá nos hizo cena.

Este es Frankie Avalon, quien se hizo más famoso que antes con las películas de 'surfing' de la serie "Beach Party" (junto a Annette Funicello). Lo presenté en La Concha haciendo una función benéfica.

CONFIDENCIAL Conocí requetebién a Anthony & The Imperials y su productor Teddy Randazzo, (relaciones que conservé). Actuaban en el Flamboyán: primero vino Teddy y lo llevé a cantar al Show Ford. Cuando llegaban los Imperials, rápido se apuntaban para ir Domingos a mi casa, a jugar Dóminos y ia comer paella!

A finales de 1961 realicé giras por teatros y cines, con los 'Teen Twisters' donde demostraba el baile del twist y después ponía al público a competir. En Caguas las fanáticas por poco me asfixian halándome la corbata ¡por las dos patas! (Freddy me salvó.)

1962: produje mi primer "Twist Party" en el Escambrón, con Los Teen Twisters y mi Hi Fidelity:

¡Fue el Primer Disco Party!

CONFIDENCIAL *¡Pioneros rockeros! "The Teen Twisters": el líder era Freddy Valentín, guitarrista (mi mejor amigo y compañero de los Boy Scouts); Walter "Chico" Nazario, recién llegado 'del norte', tocando una tremenda guitarra eléctrica, Pepe Guerrero, baterista extraordinario, y Andy Rivera, saxo y cantante. En televisión salían en el show del genial Don Manuel "Pulguita" Jiménez (buen amigo), y el grupo debutó ¡en el Hotel Flamboyán!*

Forman Primer Conjunto "Twist" en PR

Por Héctor J. Mejías

El primer conjunto de "Twist" de la Isla está compuesto por cuatro estudiantes, quienes a pesar que dedican gran parte a este ritmo "profano", son jóvenes de muchas aspiraciones en sus tareas escolares.

El líder de los "Teen Twisters" es un estudiante universitario que cursa el primer año en la Universidad de Puerto Rico y espera graduarse de Bachiller en Administración Comercial. El resto de la banda lo forman un estudiante de la Escuela Superior Central, otro del Instituto Comercial de Puerto Rico y otro del Puerto Rico Junior College.

A pesar de que los "Teen Twisters" tiene solamente dos meses de haberse organizado, ya han hecho una serie de presentaciones en la televisión y actualmente son artistas del Flamboyán Club, donde han resultado un éxito extraordinario.

La primera banda de "Twist" de la Isla está compuesta por los siguientes jovencitos: Walter Nazario, primera guitarra; Andy Rivera, saxofón; Pepe Guerrero, batería; y Freddy Valentín, segunda guitarra.

Walter, líder del conjunto, estudia en la UPR. El chico de 19 años ya había organizado una agrupación musical de adolescentes en Nueva Jersey, donde resi-

El primer conjunto de "Twist", los "Teen Twisters", está formado por (de pie, de izquierda a derecha) Freddy Valentín y Walter Nazario; y (sentados, en el mismo orden) Andy Rivera y Pepe Guerrero.

También hicimos gira con Brian Hyland
(y como invitado, Frankie Valentín, de N.Y.)

Ante nuestras cámaras desfilaron miles de adolescentes que venían de toda la isla para bailar en el "Teenagers Matinee". Pedían boletos para entrar y mi abuela Clemencia les enviaba tarjetas postales como tickets para parejas.

CONFIDENCIAL Mi abuela era mi "secretaria". Hector, un bailador, me dijo su secreto para entrar. Él nunca pedía tickets, buscaba en la fila alguna chica sola y se le ofrecía de pareja para entrar con ella. ¡Que buena idea tuvo!

Algo Nuevo en Música

La bossa nova es un nuevo producto rítmico. Nació en el Brasil hace muy poco tiempo, prendió como la pólvora, y ya ha llegado a todas partes del mundo. Se trata de música sincopada, mezcla de samba y jazz, con disonancias gratas y bien dosificadas. Las originales composiciones de bossa nova tienen letra, siempre novedosas en su contenido. Pero por la mente de sus autores no pasó nunca la idea de que este producto melódico sirviese para bailar. Sin embargo, aquí la bossa nova sí tiene baile. Esta última edición se le debe a Alfred D. Herger, el joven animador de Teenagers matinee, su criterio, se avenían al ritmo. Hecho esto, le fue fácil lograr que los adolescentes que concurren a la transmisión los aprendieran. Y es así que en Puerto Rico la bossa nova se baila. En el reportaje gráfico vemos a Herger cuando hacía una demostración del baile, mejor, de

Shhh... un truquito mío: si un ritmo no traía baile, como el bossa nova, ¡tenía que inventárselo!

CONFIDENCIAL Y DESPUÉS DEL TEENAGER'S MATINEE*

* Brian Hyland pegó baladas como "Ginny Come Lately" y "Sealed With a Kiss". Su último hit en Billboard, "Gypsy Woman" fue en 1970, ¡y se lo produjo Del Shannon! (En 1988 revivió con Albert West en Europa su "Itsy Bitsy Teeny Weenie Yellow Polka Dot Bitsy Bikini".)

* La Pachanga se bailó rabiosamente en el programa con los discos de Pacheco, Quijano y "Pachanga Baby", composición, arreglo y producción de Teddy Randazzo (con músicos de Tito Rodríguez). También con el "Changa Rock" de Lenny Welch. ("Pachanga Baby", "Changa Rock" y el twist "Motorcycle" por Paul Simon, alias "Jerry Landis", ¡sólo pegaron en P.R.!)

* Otros éxitos que nacieron en el programa y perduraron, fueron: "El Bimbi" de Joe Quijano (con Paquito Guzmán), "Ay! Que Negra Tengo", "Que Siga la Fiesta" y "Simplemente Una Ilusión" (todas de Don Héctor Urdaneta), por el maestro Lito Peña y su Orquesta Panamericana, cantando Chico Rivera.

* Teddy Randazzo pegó aquí: "The Way of a Clown", "One More Chance", "Cottonfields", "Don't go away", "Let The Sunshine In" y "Foot Stomping". En E.U. hizo muchos "Ed Sullivan Shows" y películas, ("Rock, Rock, Rock" con Alan Freed y "Hey, Let's Twist!" con Joey Dee –están en 'You Tube'). Él es considerado "ídolo" sólo en Hawáii y P. R.)

TEDDY RANDAZZO

Cierta vez estaba quedándome en casa de Randazzo en NY, cuando junto a Bobby Weinstein él compuso "Goin' Out Of My Head". (Trabajaban en la oficina que compartían con el maestro Don Costa). Días después fui con ellos al estudio a ver grabar la canción con Anthony and The Imperials. (Teddy había hecho el arreglo a gran orquesta y dirigió la sesión.) Teddy decía que yo fuí "el amuleto de la suerte" para esa canción.

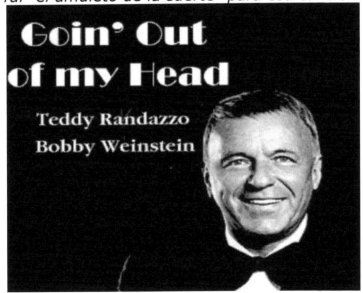

FRANK SINATRA

Camille Carrión, estrella de nuestras telenovelas, debutó en el show con *"Something Four"*, junto a Kenny González, Paul y Jimmy Stevens ".

CONFIDENCIAL

Mi agradecimiento y admiración a las verdaderas estrellas del programa: los jóvenes bailadores Peyo y Evelyn, Judith "Multiplication", Rosie Jiménez (Yímenes) y muuchos más. A ganadores del twist (Héctor O'Neill, ex-Alcalde de Guaybabo, fue uno); y del Mashed Potatoes (como Chemo Soto. ex-Alcalde de Canovanas).¡Todos! Soy firme creyente en "Pay it Forward", como en la película de ese título: si recibes un favor, ¡págalo más adelante con otra persona! Como Dick Clark me obsequió la fórmula de "American Bandstand", yo pagué el favor regalándosela a MacArthur "Mac" Cordero, un joven locutor y productor de Dominicana que armó su "Teenager's Matinee" igual que el mío. Su show marcó una época en la TV de allá.

Mac pagó el favor dándole exposición y contratos a los artistas de nuestra Nueva Ola Boricua.

Y...
en la edición número 5 de TV Guía, editada en Diciembre 7 del 1962, ¡ROMPIMOS récords de VENTAS!

MI AVENTURA CREANDO
LA NUEVA OLA BORICUA

CONFIDENCIAL

Mi primer proyecto al estilo 'nueva ola' fue un 'pequeño desastre'. Produje un disco '45 con Frankie Valentín, un muchacho 'neoyorican'. Lo contraté para abrir los shows en la gira que le monté aquí a Brian Hyland con los 'Teen Twisters'. Pero durante los shows, lamentablemente, surgieron con él ciertas situaciones que descarrilaron el proyecto de su lanzamiento.

Resultaba, que después de trabajar tantas figuras del *hit parade* americano, me inspiró sobremanera saber que a través de Latinoamérica, estaban dominando las ventas de discos jóvenes artistas ROCKEROS, o sea, *"la nueva ola"* –cantando la misma música... ¡en español!

Como miembro de la *'Asociación Latinoamericana de Productores de Discos'*, había hecho varios contactos en Méjico. Además tenía buenos amigos personales: Mapy y Fernando Cortés, Mapita y Lucho Gatica, Hernando Avilés, Alfredo Gil, etc. Entonces allá me fuí, con la idea de contratar, figuras *"nuevaoleroas"* porque allá lo tenían todo 'inventado y montado'.

Tuve varias reuniones y negociaciones.
Pero los ídolos principales estaban llenos de trabajo: películas, TV y giras por el interior.

CONFIDENCIAL Negocié con Alberto Vásquez, que era más accesible. Sus condiciones para traerlo por dos semanas a Puerto Rico: $500 a la semana, haciendo 17 presentaciones cada semana (¡montón de shows!). El contrato quedó pendiente de mi confirmacion –pues debía ubicar lugares y fechas al regresar a Puerto Rico.

En el viaje de vuelta analizo lo acontecido. Recordé que Gustavo Pimentel, el arreglista de César Costa, me cotizó $1,000 por grabarme las pistas de acompañamiento para un LP, de manera que yo le pusiera la voz de cualquier cantante. Uhmm... Eso me había puesto a cavilar.

Llego a la isla... y mirando "El Show de Gaspar Pumarejo" veo un cantante que él había descubierto. Su nombre: Chucho Avellanet. Cálida voz. Mucha juventud, buen video y simpatía. Canta boleros... En algo se me parecía al Mejicano Alberto Vásquez. Uhmm... interesante.

¡Bravo Pumarejo!

CONFIDENCIAL Chucho participaría iba a un show del Escambrón. Voy y me le presento. Se impresiona, pues me reconoce de la TV. Le propongo cantar 'nueva ola'. Me dice que prefiere los boleros. Le señalo que competiría con Lucho, Marco Antonio, Yanés, etc.

Chucho lo piensa...

¡Y acepta mi propuesta!

Citando un reportaje periodístico actual:

"Notemos que la época de los programas de Alfred D. Herger corrieron simultáneamente con el paso de nuestros adolescentes a jóvenes adultos, y a la vez con la parte más terrible de la Guerra Fría. Desde la construcción del Muro de Berlín, hasta el fin de la Guerra de Vietnam, el bombardeo de noticias atemorizantes era compensado por la música de los cantantes y grupos que él impulsó.

Las versiones de su inspiración para canciones nueva ola como "Magia Blanca" (por Chucho) y "El Diamante" (por Julio Ángel) recorrieron toda América.

La importancia de ese almacén de melodías producidas, traducidas o compuestas por él, va más allá del éxito empresarial. Si pudiéramos ver la prensa de décadas atrás y a la misma vez escuchar el catálogo musical impulsado por Alfred D. Herger, notamos que antes de ser Doctor en Psicología, el productor proveyó a la juventud unos formidables antidepresivos en forma de música, ritmo y baile."

Alexis Morales Cales

Decidí lanzar en Puerto Rico "LA NUEVA OLA" con jóvenes de acá, cantando rock y baladas en español. Seleccioné, entrené y produje... ¡un elenco formidable!
Y esto lo logré, gracias al respaldo de...

¡Don Sonny Herger!

Diana   Charlie

Tammy, Chucho, Lucy, Alfred y Julio

CONFIDENCIAL Bernardo, Don 'Sonny' Herger Busó, mi papá, Ingeniero Agrónomo de profesión, se licenció de la 2da guerra mundial como Capitán. Con el dinero que recibió del ejército se compró un avión, puso una agencia de pasajes y participó en el desarrollo del productivo negocio de traer 'del norte' aviones llenos de productos y después regresarlos con obreros agrícolas que iban en pos de oportunidades.

Pasan los años y Don Sonny llega a ocupar la gerencia de Trans Caribbean Airlines. Cuando American Airlines compra la "Tranca", él trabajó la transición con el ejecutivo de American asignado a la isla, Don Leo Maysonet. Después del cambio mi padre presentó su renuncia.

En aquel momento crucial le alerté sobre un vacío existente en el negocio de discos aquí: "La mayoría de los hits americanos provienen de compañías independientes. Quien consiga su distribución para la isla itendrá una bonanza, papi!" Abrió los ojos y me dijo: "Hazme una lista, ique me voy para New York!" (¡Allá fue y logró traerse todo el catálogo de Paul Anka, lo de Chubby Checker y otros ídolos juveniles americanos!)

Luego, en una osada iniciativa, le compra los catálogos Guaraní–Verne al admirado pionero de la industria, Don Tato Ardín. Papi obtiene ventas astronómicas del hit *"La Última Copa"*, por Felipe Rodríguez. A raíz de esas transacciones, cimenta una relación de amistad y recíproco apoyo comercial con Don Pablo Aponte (mi tío postizo), fundador de Aponte Distribuitors y *DISCO-HIT*, "Custodios de Nuestra Música".

Más tarde papi le produce Lps a Daniel Santos, Damirón, Juan Carlos Copes, a Canario y a otros artistas. Y... negociando con Don Billy Carrión, también adquiere del Banco Popular el disco del histórico primer especial de TV que hizo el banco, el *"La música de Rafael Hernández"*.

En poco tiempo, apoyado por su hermano, Don Ernesto "Bula" Herger, llegan a manejar 17 departamentos de discos en las principales tiendas de la isla!

CONFIDENCIAL DESPUÉS ¡DEBUTÓ MI NUEVA OLA! *Provocamos aquel histórico movimiento bajo el sello "Rico-Vox", de mi padre, principal padrino de mis inventos, que era representante aquí de la "Hispa-Vox" de España.*

Don Sonny Herger financeaba TODAS las grabaciones de mis jóvenes artistas, sin emitir opiniones, ni pedirme explicaciones, ¡siempre me brindó su apoyo total!

MI SECUENCIA DE EVENTOS

#CAMBIOS Y RETORNO

¡MI AVENTURA EN HOLLYWOOD!

o o
 |
˘

¡ME SACAN DEL "TEENAGER'S MATINEE"!

¿EL FIN DE UN SUEÑO, O EL COMIENZO DE OTRO?

CONFIDENCIAL

A Mr. Pérez Perry, el dueño del canal, un personaje se le ofreció para hacerle múltiples labores por un sólo sueldo (actor, locutor, escenógrafo, director, productor). ¡Una ganga! Y él lo contrató. Una práctica decisión de negocios.

Pero nadie contaba con su astucia: el individuo se posicionó rápidamente como director –en mi programa– y como ejecutivo del canal comenzó a imponerme trabas y restricciones. Si no le obedecía, me apagaba el micrófono (y yo salía en cámara haciendo el ridículo).

Una tarde me recibió en el estudio, vestido y maquillado, listo para sustituirme: "Alfred, voy a hacer el programa hoy, porque tu tienes que ir urgente al Centro Medico, ¡tu hermano acaba de tener un accidente de automóvil!"

Le contesté: "¿Cuál hermano?
¡Si yo soy hijo único!"

(Por poco le digo: "¡No te vistas , que no vas!").

Después de eso me inventó cargos de insubordinación, con el propósito de suspenderme y entonces salir animando el show. Naturalmente me quejé con el dueño. Mr. Pérez me respondió: "Chico, ahora él es quien manda en los estudios, y yo no puedo hacer nada".

Pensé, 'uhú' y le renuncié (otra vez).
Entonces... me fui pal' ca.

Bueno... me fui pa' California.

DE AQUÍ PA' HOLLYWOOD
(LITERALMENTE)

CONFIDENCIAL Al haberse comprobado mi éxito como productor discográfico, Mr. Al Bennett, presidente de Liberty Records de Hollywood, California, me había ofrecido llevarme para allá para organizarle un departamento de producciones hispanas. (El 'mister' solía venir a la isla a jugar golf y a compartir con mi papá –quien le distribuía sus discos aquí),

Ahora, con aquel golpe, lo llamé y acepté su oferta. Antes de irme me reuní con mis artistas y se los informé, explicándoles que mi agenda contemplaba firmarlos con Liberty Records.

¡Chucho estaba feliz!
Charlie y Diana, no tanto. (Uhhmm.)

Resulta que el tipo que me quitó el show, me sonsacó también a Charlie y a Diana. Según él, yo era "un cohete quemao, que estaba 'juyendo' y que lo de Hollywood era un paquete". Ellos se lo creyeron y me dijeron: "Adiós Alfred".

Fue lamentable: el rockero perfecto, Charlie Robles y Diana, se salieron de mi clan. Mas allá de haber grabado excelentes 1eros Lps conmigo, prematuramente se alejaron de mí y de los proyectos que se me irían madurando.

Décadas después, al cumplir yo 60 años de edad, mi hija Grace Marie me organizó un homenaje y trajo a Charlie de Miami, donde trabajaba de cartero.

Luego, desde que finalmente él se mudó para acá -del 2010 hasta su fallecimiento- cantaba en actividades de mi "Baby Boomers Club" (para el cual Charlie y Julio Ángel me habían servido de inspiración. Por eso, cuando ellos dos faltaron... el club me cayó en un compás de espera.) Pero... salté demasiado adelante. Regresemos a:

¡HOLLYWOOD, HOLLYWOOD!

SIGO CON MI HISTORIA...

En Liberty, grabé a una jovencita llamada VICKY CARR...

Entre esos primeros discos suyos en español, le hice letra para "He's a Rebel" ("El Rebelde") –tema que después pegué con Lucecita.

(Lo consiguen en You Tube como: "Es Rebelde" - Vicky Carr.)

Johnny Rivers grababa para Imperial, sello propiedad de Liberty, así que estaba en mi lista.

Nos hicimos muy amigos. Él cantaba con dos músicos en el "Whisky a Go GO", al estilo Trini López, pero haciendo un rock n' roll más 'pesao'.

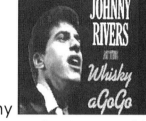

Johnny pasaba a buscarme en su Camaro azul 'mataito'. Yo bebía refrescos y lo veía actuar. A cada lado de su tarima, tenía chicas bailando dentro de unas "jaulas", vestidas en cortos trajes blancos de flecos. Cada noche se armaba un tremendo barullo.

¡Allí nació la fiebre del *"a go go"*!
Y yo de testigo (como un Forrest Gump).

CONFIDENCIAL *A Johnny parece que le dio pena que Vicky Carr nunca quiso acompañarme al 'Whisky'... y que yo no tenía amigas. Un día se me presenta con una gringuita de lo más sexy llamada Leona, para que fuera mi 'date'. A los cinco minutos de estar dentro del club, ella se paró de mi mesa y se fue a compartir con otro tipo. Al final de la noche, vuelve ipara pedirme que le dé dinero para su "baby sitter"! Le contesté, en mi perfecto ingles: "Que te lo dé ese amigo tuyo que te bailó toda la noche." ¡Atúki! (Peor para ella: cuando Johnny se enteró, le cortó la amistad a Leona, por ser tan 'leona'. ¡Doble Atúki!)*

CONFIDENCIAL A Johnny Rivers le escribí letra al español para su primer sencillo, el tema "Memphis" de Chuck Berry:

"Escuche operadora, comuníqueme usted, con esa muchacha, que llamó a casa ayer... Yo no sé su nombre, pero hágame el favor..."
(Y por ahí seguía.)
Sonaba como un Nat King Cole joven, rockeando.

Pero nunca la grabamos, porque su manager, Lou Adler, no lo permitió. ("¡El rock and roll se hizo para ser cantado en inglés!", vociferó). Años después realicé que mister Adler: había sido el primer socio de Herb Alpert, que produjo a Jan and Dean, a Johnny Rivers, a The Mamas and The Papas, The Fifth Dimension, Carol King y Cheech and Chong entre otros. ¡Era un genio! Por eso nunca congeniamos: ¡eramos iguales!

Con Liberty también grabé al talentoso Vic Dana. Pero justo antes de grabar a Bobby Vee, Johnny Burnette, Gene McDaniels y The Chipmunks ("Alvin" fue bautizado en honor a Mr. Alvin (Al) Bennet)...

¡Los Beatles invaden a Estados Unidos!
(Seguidos por la ola musical británica.)

Por intríngulis de la vida, diez años más tarde, Mr. Sid Berntein –el empresario que llevó los Beatles a EU– sería mi gran amigo y mi representante. (Esa historia, en el próximo libro, donde narraré de los '70 al presente.)

BYE BYE, HOLLYWOOD –HELLO, N. Y.

Debido a la invasión británica, Liberty descartó los planes de grabar a sus artistas en español, para concentrarse en conseguir grupos y solistas ingleses. Lograron firmar a: Billy J. Kramer and The Dakotas, The Swingin' Blue Jeans (y unos cuantos más).

Aunque Mr. Bennet me había preparado el contrato de Chucho (que lo debo tener por ahí), decidí no aceptarlo, porque yo no estaría ya en 'posición de poder' –para velar por sus intereses.

COMPAÑÍA DEL GRAMÓFONO-ODEON, S.A.E.

TELÉFONO 230 22 05
APARTADO DE CORREOS 588

DIRECCIÓN TELEGRÁFICA:
GRAMÓFONO-BARCELONA

NUESTRA REFERENCIA
AM/IM.

BARCELONA (11), 1 de agosto de 1964
URGEL. 234

Sr. Don Alfred D. Herger,
    Relaciones Hispanas Para Liberty Records,
        Box, 8607
            Santurce. (Puerto Rico)

Muy señores nuestros:

Ha sido para nosotros un gran placer leer su atenta carta del 30 de abril del año en curso, en la que nos expresan deseos muy concretos para una colaboración más estrecha entre nuestras Compañías. Si no les hemos contestado antes es debido al hecho de que hace sólo muy pocos días han llegado a nuestras manos los acetatos mandados.

Sin perder tiempo, me muevo a N.Y. donde me junto con Polito Vega, Paquito Navarro y Raúl Alarcón (Padre), de la emisora WBNX. Con estos generales me asesoro sobre posibilidades.

De la reunión surgió mi sociedad con "Paco" Navarro para presentar en Puerto Rico a Joe Cuba (y a La Playa Sextet con Vitín Avilés). ¡Las giras de Joe Cuba fueron un super exitazo!

Además, ellos me enteraron que Tito Rodríguez abandonaba la multinacional United Artists. ¡Y para sustituirlo, logro que me contraten a Chucho! Con Leroy Holmes le produzco el histórico álbum "Love And Violins". El ídolo juvenil interpretó boleros favoritos del ayer y produjo para ellos insospechadas cifras de ventas. (¡Fórmula que años después capitalizó Luis Miguel!)

CON LA BEATLEMANIA

CONFIDENCIAL Cuando me pasé de Hollywood a New York, mi padre, Don Sonny, fue allá a "rescatarme", porque: "Ya había pasado mucho tiempo; que tenía que regresar y seguir haciendo programas; que no le gustaba el sitio donde estaba viviendo", etc. (Argumentos de papá.) También que él tenía "Una importante reunión, con Mr. Harry Levine, Vice Presidente de discos ABC Paramount, y quería que yo participara –por si acaso– ya que ABC había perdido el contrato de Paul Anka." Ohhhhhhh.

En la reunión, Mr. Levine dice:
"No se preocupen por Paul Anka, que ya firmamos ¡al mejor cantante del mundo!"
Yo:"¿Sinatra?" Él:"No, Alfred, it's ¡Ray Charles!".

¡ABC Paramount estaba lanzándolo en grande!

Pero lo mejor que me dijo Mr. Levine fue: *"Alfred, the Beatles are performing today in our theater downstairs, and I have a spare ticket. Do you want to see The Beatles?"*

Mi experiencia con la Beatlemanía: gritería ensordecedora... policías a caballo manteniendo la multitud a raya. (Logro entrar y me ubico en mi butaca: a mitad del pasillo de la derecha, de lado, primer asiento.)

El maestro de ceremonias, Mr. Ed Sullivan, empieza a mencionar los artistas que alternarían en el show: 'tal grupo, tal cantante...' De a poco, un sonsonete que crece: *"We want The Beatles, ¡WE WANT THE BEATLES!"* Sullivan como que se descompone: *"Shut up, damm it!"* Hubo un silencio. *"¡In no time, I'll bring you the boys!"*

¡Más gritos! ¡SE SOLTÓ EL LOCO! ... ¡Se júye Ed Sullivan! Pasa un rato y...¡se abre el telón!

¡THE BEATLES!

Y ENTONCES SE SOLTARON...
¡TODOS LOS LOCOS DEL MUNDO!

Shhhh: Mientras yo trataba de identificar las canciones por los cortes de batería, una fanática se pasaba jeringándome: "Paul looked at me!"

El 'concierto' no duró mucho, pero por dos horas deambulé las calles de Nueva York, para que se me aquietara la gritería que llevaba grabada en mi cabeza.

¡Pero estaba feliz!

Slim,   Nicky,   JOE,   Tommy,   CHEO,   Jimmy

Los discos del sexteto de Joe Cuba en el "Teenager's" enloquecían a los jóvenes. Junto a Paquito Navarro, ¡traje a Joe Cuba a Puerto Rico! Abarrotaban... y desde la tarima, el sexteto impactaba ¡COMO UNA LOCOMOTORA! Slim (Jules) en el bajo, Nicky en el piano, Joe (Sonny) en las congas, Tommy en el vibráfono,–y los cantantes, Jimmy en los timbales y Cheo (Feliciano) en güiro, maracas, cencerro y agite.

El único lugar donde faltó público fue el Teatro "F" de Santurce. Tenía a Lucecita abriendo el show. Pero... por no ser baile... y por rajarse un tremendo aguacero (llovía dentro del teatro).

No nos fue casi nadie. ¡Pero mis frates, como Georgie Manrique, dijeron presente!

CONFIDENCIAL En Los bailes, la puerta la controlaba mi tío, "Auki" Herger (que pesaba más de 300 libras) y nos respaldaba mi "crew" de Santurce: Cuco "el cojo", que colocaba afiches en todas partes; la seguridad estaba a cargo de Aniro "Conejo".

En "El Club Caborrojeño a la salida de Bayamón, un tipo, brauconeándosele a mi tío, le dijo que tenía derecho a entrar. Tío Aukie – "Yo nunca te había visto a ti."... El tipo –"¡Voy pa'entro!"

Auky se para, agarra su silla y 'trácala', ¡que le da con ella! ¡el tipo salió corriendo! A la media hora volvió al parking ¡como con 50 tipos más!

Venían buscando "al gordo".

Ahí "Conejo" estudia la situación, y me dice: "No te apures, Alfred, que yo sé hablar con esa gente. Tú, tranquilo".
(No supe lo que les dijo, pero la turba se fue dispersando y se despidieron como amigos.)

En otra situación no tuvimos la misma suerte: cuando el baile está encendío...

¡prácata, prácata!

¡sonaron unos tiros!

Corre y corre... gritos... ¡y se acabó la fiesta!

Recuerdo una noche –tocando nuevamente en el *"Caborrojeño"* de Bayamón– en el local de al lado (*"Club Montecasino"*) estaba presentandose ...

¡El archifamoso Dámaso Pérez Prado!

Traía su nuevo ritmo, *"el dengue"*.
Todos compartíamos la preocupación de que nos afectaría la asistencia.

¡Pero nosotros nos llenamos! Y de aquel gigantesco y elegante salón, al maestro Prado solamente se le ocuparon algunas mesas.

Más tarde el empresario 'rival' vino a lamentarse sus pérdidas conmigo.

¡Así es la *life*!

CUANDO NACIÓ "CANTA LA JUVENTUD"

(Yo me hice santo)

Cuando regresé formalmente a mi isla, experimenté combinando a Chucho con Los Montemar de Julito Alonso (quien junto a Wisón anteriormente había fundado a Los Hispanos).

Le ofrezco al gerente de Radio El Mundo, Don Turín Lamas (mi antiguo jefe) una sección juvenil para su show de variedades al mediodía.
Él acepta y nos bautiza: ¡"CANTA LA JUVENTUD"!

CONFIDENCIAL ALLÍ SURGIÓ MI CONDICIÓN DE SER 'SANTO'. Durante mi regreso a la isla me hice cursillista y... "Santo de la Iglesia". Asistía a misa DIARIAMENTE, ¡Y COMULGABA! Esa feliz condición surgió después que estrené "Canta La Juventud" en Radio El Mundo –cuando entablé una gran amistad con el actor ──────── Cubano Jesús Albariño y su esposa Normita Suárez, que tomaron los "Cursillos de Cristiandad".

Ellos estaban eufóricos. No cesaban de contar su experiencia. Siempre sentí un fuerte llamado espiritual, ¡y no les fue muy difícil convencerme de que me matriculara!

Ingresé en el cursillo # 44 de la Iglesia Católica y mi visión de mundo cambió totalmente. Me convertí en un 'santo de la iglesia' justo antes de comenzar mi gesta nuevaolera. Mi consejero espiritual era el padre Leon, Cubano también.

Me llené de la más grande motivación: ¡CRISTO!

El poder que me hizo convertir en oro todo lo que tocaba ¡era JESUCRISTO!

¡Por eso me salía todo tan exageradamente bien!

¡AMÉN!

No pasa un año de aquel milagro y Paco Cordero produce por Telemundo un programa similar: "El Show De Las 12", respaldado por el inversionista Mr. Sidney Esdrich. DEBUTAMOS EL 11 DE ENERO DEL 1965. El show comenzaba con El Gran Combo y luego iba, "Canta La Juventud".

CONFIDENCIAL Para no parecerse al segmento de Tito Lara y Los Hispanos, Paquito me un pide que haga algún cambio. "¡Tengo lista a Lucecita!", le dije. "Yo confío en tí ", me respondió. Inicialmente Paquito me pagaba $300 a la semana por la sección, cantidad que yo dividía en partes iguales con Chucho y Lucecita.

LOGRÉ SOLIDIFICAR MI '2do CLAN'

Después que Diana y Charlie se salieron de mi 1er 'clan', utilicé el nuevo show de TV, "Canta la Juventud" y lancé a Lucecita haciendo pareja con Chucho. Entonces, me contacta Don Victor Carrady, el fundador de Caribbean Cinemas, y le organicé un apoteósico show en el Radio City, con Lucecita –donde lancé a mi nuevo rockero Julio Ángel. Mr. Carrady estrenó allí la película "T.A.M.I. Show" (*Un magno concierto de estrellas Internacionales*).

¡Y en el Radio City...

El Diamante brilló!
Al tiempo, fue moldeándose mi renovado "Clan", con *Chucho, Lucy, Julio, Tammy y Zeppy*.

LA BANDA ALLÁ... (MI COMPETENCIA)

Charlie Robles se había ido al ARMY, donde junto al compositor y músico Salvador Rosa, hijo, formaron una banda allá, ¡que deleitó a los soldados! Gustaron tanto que los llevaron a un programa que entonces se iniciaba en la TV:

"David Letterman Show".
¡Bravo, Salvador y Charlie!

Al regresar, encabezaron un nuevo espacio dentro del "Show del Mediodía" de Don Tommy Muñiz. En una iniciativa de su primo hermano y jefe de ventas, Max Muñiz, lanzaron por Wapa TV el programa "La Nueva Ola" (muy buen título) para competir con "Canta La Juventud".

Contaban con un tremendo elenco. De animador, Marianito Artau; cantaban, Papo Román, Celinés, Pepe Luis y Charlie Robles; bailaban Gladys Nuñez, Ileana y Yayi.

La banda allá ("El Combo de La Nueva Ola') era: Salvador Rosa, teclados, (componía y dirigía); Felipe en la batería, Tito Allen al bajo, y en guitarras: el futuro Sonset, Billy, y 'el maestro', Pepito Maldonado.)

"Surfearon la ola" requetebien: sacaron Lps, pegaron hits e hicieron shows por la isla.

CONFIDENCIAL *Como productor artístico del espacio figuraba mi ex-pupilo Mac Cordero, quien regresó de la República Dominicana para hacerme la competencia. No obstante, mi 'Canta La Juventud' iba a una mejor hora –las 12:15, y ellos salían después de la una. Anyway, nosotros teniamos el rating mas alto en la historia de los programas de TV al mediodia. Dicen que: "El que da alante..."*

#CÓMO FUERON LAS COSAS

MIS AVENTURAS CON AQUELLAS PRIMERAS ESTRELLAS DE NUESTRA NUEVA OLA

En el orden de su entrada:

CHUCHO,

DIANA Y CHARLIE,

LUCECITA

LA GRAN AVENTURA DEL PRIMERO: CHUCHO AVELLANET

Como les conté, el primer artista de mi "Nueva Ola" fue Armando Hipólito Avellanet González, de Mayagüez. Buen muchacho, buena gente y muy ávido de aprender este asunto del rock en Español. El *"timing"* del género no le iba fácil, pues era bolerista (pero ahí estaba yo –un rockero experimentado). En las grabaciones le marcaba ritmo, entradas y pausas.

Se mudó de Mayagüez, donde se crió con sus abuelos, a un apartamentito en Roosevelt, detrás de donde vivía su mamá, Doña Josefa González con su esposo y la bonita pareja de hijos del matrimonio. Para mi era un gusto ir a buscar a Chucho y compartir con todos ellos.

Mi tío, el Ingeniero Augusto "Auky" Herger, acompañaba a Chucho a todos los shows (y me lo cuidaba).

CONFIDENCIAL Chucho tenía en su cuarto una colección de juegos y curiosidades. Había un muñeco de Frankestein que cuando caminaba se le bajaban los calzones. ¡Era lo más cómico del mundo!

Chucho y yo compartimos los años de crecimiento en nuestra transición a adultos.

Para el primer LP del galán (así nos apodábamos), yo escribí cuatro letras ¡Chucho escribió siete! Letras más poéticas que las mías (por su *bagaje* de bolerista). Él creó verdaderas bellezas como: *"Aquel Amor", "Canto por Cantar", "Mi Paraíso", "Siempre se hiere (a quien se quiere)"* y *"¿Me Querrás Mañana?"*

En un corte del álbum, titulado *"Teenager"* la letra es mía y hago una narración. Otro, *"Fugitiva"*, es letra de Argentina, por Rafaelmo, para el tema *"Runaway"* creado por Del Shannon (que había sido un jitazo aquí en inglés.) **Ese tema, "Fugitiva" marcó el inicio de la nueva ola en Puerto Rico.** Nos lo pegó el *disc jockey* Michelín Villalobos en la potentísima WKVM.

CONFIDENCIAL *El LP se lo produje con unas pistas 'cover' de hits americanos, grabadas en Nueva York ¡que sonaban como las originales!*

Teníamos urgencia de grabar –ya que por poco nuestra nueva ola nunca comienza.

Es que... A CHUCHO LO LLAMÓ EL EJÉRCITO.

¡Y de seguro que iba pa' ¡Vietnam!

Guiado por inspiración divina, conseguí enlistarlo en la Guardia Nacional. Lo enviaron al training básico y a los seis meses estaba de vuelta. ¡Y cuando regresó, su disco ya reinaba!

(A propósito, yo también me salvé de ir a Vietnam. Por universitario, y después por casado. Luego por haberme convertido en papá.)

Continuaba el plan divino... ¡AMÉN!

La señora Myrta Silva me lo presentó en su show ¡como a un héroe! vestido de uniforme... y yo le organicé el magno recibimiento de su fanaticada juvenil en *Teenagers Matinee* (de civil). Helloooo!

MI DISCOGRAFÍA DE CHUCHO

Después del éxito de *"Fugitiva"*, le produje el segundo Lp con *"Magia Blanca"* (mi letra para la canción *country "Devil Woman"* del cantautor Marty Robbins).

Inicialmente la titulé *"Magia Negra"*. Pero mi abuela, Doña Clemencia Arana, maestra de español que me corregía todos mis escritos, me dijo *"Mi'jo, sería mejor 'Magia Blanca' que es la magia de los santos"*. Eso me facilitó la letra... y salió solita... ¡Gracias MAMA CLEMENCIA, por el 'hint' y por el 'hit!

Los primeros álbumes que le hice a Chucho.

CONFIDENCIAL De Rico-Vox habían enviado el segundo álbum de Chucho al sello Velvet de Venezuela, proponiéndoles editarlo allá –pero en vez de hacerlo, en Velvet le copiaron los mejores temas, grabando "Magia Blanca" con el Trio Venezuela (¡Que los llevó al 1er lugar!).

Pero cuando quisieron pegarlos en Méjico, allá Los Hermanos Carrión le copiaron el innovador arreglo vocal que el trio le había hecho a "Magia Blanca" ¡y la súper pegaron en su país! Con estas y otras versiones, sumando el éxito de Chucho en P. R., Santo Domingo, N. Y. latino y Perú, 'mi canción' dominó los mercados hispanos.

<u>Shhhh:</u> en aquel tiempo los letristas no cobrábamos regalías por las letras –como "Magia Blanca"– pues la inspiración era considerada una "versión libre", o sea, no autorizada. Durante esa época en todos los países se grababan a escape

las canciones americanas con letras al español –lo importante era sacar rápido el disco, para pegarla primero que nadie. (Todavía sucede.)

Curiosidades sobre algunas grabaciones:

CONFIDENCIAL *"La Magia de Chucho" salió como su tercer álbum, bajo un arreglo con el sello de un norteamericano establecido aquí. Pero cuando esa empresa quedó mal, el Lp desapareció y Rico-Vox entonces lo reeditó como "Jamás Te Olvidaré".*

El álbum "Una Voz y Una Guitarra", donde Chucho está acompañado por Nené Cole, tiempo después se convirtió en "Aquellas Canciones" acompañado por el Maestro Lucio Milena y su Orquesta de Violines. (Por una idea de mami, le añadimos orquesta en Argentina para que se pareciera a los álbumes que Chucho ya estaba grabando con Leroy Holmes en United Artists.) Cole exigió que se le volviera a pagar, pues 'era un disco distinto'. (Y cobró otra vez.)

Después continuaré la discografía, en la sección sobre United Artists". Pero primero:

AVENTURA CON CHUCHO EN ARGENTINA

CONFIDENCIAL Cuando me casé con Bárbara Ann Dorsey Mendoza, yo tenía 22 años y ella 20. Nos fuimos de luna de miel a la Argentina aprovechando el contrato que le conseguí al galán, pues nuestros gastos estaban cubiertos. ¡Durante todo el viaje nos hicimos maldades y bromas! Tuvimos una divertidísima *"luna de miel con chaperón"*.

Explico: por las muchas actuaciones que le teníamos programadas a Chucho, prácticamente toda nuestra luna miel fue de trabajo. Así que él –siempre tan bromista– para aliviar tensiones, se convirtió en un divertido 'chaperón'.

Pero un día intenté embromarlo yo: salí del baño con la toalla ceñida en la cintura y fui a tocarle la puerta de su *"suite"*... Cuando me abre empiezo a cantar y bailar una canción que estaba de moda por allá, *"Te estás Poniendo Negra"*. Pero, se me soltó la toalla, cayó al suelo ¡y la agarró, cerrándome la puerta!

Mientras le tocaba implorando que abriera, él llamó a nuestra habitación y le dijo a Bárbara que no me dejara entrar, ¡porque me había dejado *"esnú"* en el pasillo del hotel!

Pasé un gran susto, temiendo que un empleado, o algún otro huésped del hotel, cruzara por allí. Al rato mi dulce esposita me dejó entrar. (De ahí en adelante, opté por dejarle las bromas a Chucho, que le quedaban mejor.)

Rewind al momento cuando llegamos:

En el aeropuerto de Buenos Aires nos estaba esperando Donald, en un simpático Volky verde. Hicimos tremenda amistad. Le escribí en esos dias, con letra y música, el tema "Quemadita" –inspirado en *"Te estás Poniendo Negra"*, y él me lo grabó para su primer Lp RCA.

CONFIDENCIAL *Yo le había editado en la isla un Lp a los hermanos mayores de Donald: Buddy y Alex McClousky, cuando tenían el cuarteto vocal "Los Mac Ke Macs". (Chiroldy los trajo al Hilton después de verlos en Ed Sullivan Show.) Luego luego, Buddy, fue quien hizo todas las letras en Español para ABBA y les supervisó la pronunciación; Alex se mudó a Méjico y trabajó las carreras de Luís Miguel y Cristian Castro. (Y en el 2,000 me organizó allá la exitosa presentación del Dr. Brian Weiss.)*

Donald   Mac-Ke-Macs

Sigo con lo del viaje... En Argentina conocimos gente tremenda (también muchos bromistas –como Morrazano, portero que no dejaba entrar a Chucho al estudio hasta que le probara que era cantante), Los Panchos (bromistas), Dino Ramos (me dijo que Chucho iba cantar con sentimiento después que una mujer le "x#%&ra" la vida),

Oscar Anderle, el futuro 'manager' de Sandro, y al "Indio Gasparino", que en el futuro retomó su nombre de pila, Facundo Cabral.

Hicimos el maratónico y espectacular show *"Sábado Circular"* con el extraordinario animador Pipo Mancera; visitamos a Tito Rodríguez en el hospital (tras su accidente automovilístico) y nos encontramos con Neil Sedaka en el estadio Vélez Sarsfield...También compartimos con Sandro y Los del Fuego en sus inicios rockeros –cuando él aspiraba a ser 'Elvis, parte 2'.

¡Y grabamos con el maestro Oscar Toscano!

(Palito se molestó porque usamos su arreglista).

CONFIDENCIAL ¡Cruzamos las famosas pampas! Teníamos shows en Mar del Plata, el famoso balneario turístico. Quedaba lejísimo, y tuvimos la oportunidad de escoger como viajar. Decidimos ir en autobús (que allá le llaman "micro"). Estuvo bien, aunque ver tanta llanura, tanto tiempo, resultó aburrido. (¡Nos dormimos!) Ahhhh... y por poco nos quedamos varados –cuando uno de nosotros estaba en el baño y el 'micro' comenzaba a irse. ¡Carreras y gritos!

CONFIDENCIAL ¿Cómo logré contrato en Argentina –para la importante temporada de carnavales– sin tener Chucho un hit por allá?

Le escribí a Don Rubén Machado, estelar locutor, productor y ejecutivo radial (corresponsal también en Buenos Aires de una revista discográficas de E. U.) ¡y le envié un Lp!

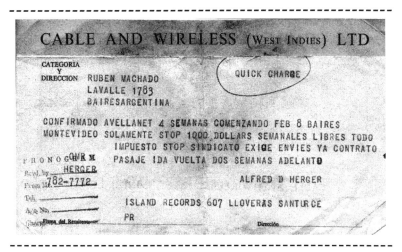

Rubén nos asignó como manejador a Alberto Nozzi, el "Tano" (que cada media hora nos decía "Che, ¿nos tomamos un cafecito?"). El Tano eventualmente se vino a vivir a la isla y luego recorrió el mundo asesorando a Julio Iglesias.

AVENTURA CON CHUCHO EN MÉJICO

CONFIDENCIAL Se facilitó conseguir el contrato de Chucho para Méjico cuando le escribí a Don Luís del Llano, alto ejecutivo de Televisa, enviándole el disco grabado por Chucho de "Mil Violines". (Él era el autor de la letra.)

Cuando joven, Del Llano la escribió para Los Tres Diamantes.

¡Y le encantó nuestra grabación!

Del Llano nos encomendó al productor Don Ernesto Alonso, quien nos pautó para el popular show de TV con Sylvia Pinal y en El Quid, un *nigth club* propiedad de Don Emilio Azcárraga, padre. Allí una noche un cliente bebido se emocionó tanto con la voz de Chucho que lanzó un grito, ¡y disparó al techo! (El galán enmudeció.)

CONFIDENCIAL *Igual que nosotros, se hospedaba en el elegante Hotel María Isabel el divo Raphael. (Nos daba muchísima gracia cuando él llegaba al lobby del hotel envuelto en una capa, como Batman.)*

Desayunando con el Sr. Vaquero, su representante de entonces, me ofreció a su artista para Puerto Rico por $5,000 a la semana. Pero aún no había salido su exitosa película –y mi padre ya había editado, sin suerte, su 1er Lp con Hispa-Vox. Creimos que, Raphael no vendía.

No le acepté la oferta. ¡Ooops!

Anyway, la carrera de Chucho era mi prioridad.

En esas vueltas de la vida, andando el tiempo 'nuestro' Tano Nozzi le vendió Raphael a Telemundo para la inauguración de los nuevos estudios "a colores". El negocio lo hicieron por $55,000 (y Nozzi se ganó $5 mil). ¡Bravo Tano!

CHUCHO, ESTRELLA DE NIGTH CLUB

En mi afán por internacionalizarlo, veíamos las estrellas que presentaban nuestros hoteles. Después de ver los shows analizábamos lo que habían hecho y como se desenvolvían: cómo sostenían el micrófono, cómo se desplazaban en el escenario, etc. etc. Era una escuelita: ¡con los mejores maestros!

Por eso, cuando Doña Myrta Silva, (madrina de mis inventos y del galán) le ofrece encabezarle su revista para turistas en el Club Tropicoro del hotel San Juan, ¡estábamos *ready*!

Sólo nos faltaba un "*acto*" (rutina de *nigth club*). Pero yo estaba inmerso en ese tipo de presentación –por cubrirlas para El Mundo y por escuchar muchas veces los albumes 'live' de Harry Belafonte, los "At The Copa" de Paul Anka, Bobby Rydell, etc. ¡ya me conocía la materia!

Rápidamente busqué entre mis discos y encontré un brillante arreglo 'big band' de "All of Me" y canciones latinas que conocían los americanos –para *'medleys'* bilingues...

También compuse un 'opening' para el 'acto' de Chucho –que conquistaría a los turistas:

"An American from Puerto Rico".

"I'm an American from Puerto Rico,
a young American from Puerto Rico.

My parents came from Spain
to the land of sugar cane.

*I'm an American from P.R.
The latin blood is in my heart!*

*I was born in this land
where the tropic winds blow,
where a friend is a friend,
and friendship is gold!*

*We serenade with our guitars,
and we dance beneath the stars,
In Beautiful... PUERTO RICO!."*

WELCOME TO PUERTO RICO!

El show de Chucho quedó ¡DE SHOW!

CONFIDENCIAL *Chucho tenía cierta dificultad para mantener el brillo de sus zapatos, y en el Hotel San Juan no podíamos fallar en ningún detalle. ¡Pero descubrimos los zapatos de charol!

* El acto del galán gustaba tanto, ¡que se le elevó mucho la autoestima! Una noche me consulta: "Creo que voy a decirle a los turistas que me pidan canciones". Mi respuesta: "No lo hagas porque puede ser peligroso"... "¿Peligroso cómo?"... "Pues porque te pueden pedir que cantes 'Granada' "... "Pues entonces la canto, ¿y que?". (Fin de la discusión.)

Entonces, lo hizo... Y se la pidieron... Y la cantó... ¡Pero la 'granada' le 'explotó' la garganta! ("Nadie aprende por cabeza ajena", dice el jíbaro.)

AVENTURAS CON CHUCHO EN NUEVA YORK

Chucho y yo pasamos varias navidades en New York, pues lo firmé para que presentara su 'acto' en el show del Alameda Room del Hotel Great Northern en la calle 57, cerca del Carnegie Hall. *¡New York, New York!* Estábamos *'ready'*.

Allí el galán compartía tarima con "Durito", Don Tony Martínez, cantante, músico y actor boricua (amistad que atesoramos muchos años).

Curiosamente, Tony trabajó tocando su "Bacalao con Papas", en un film que también me inspiró mucho, "Rock Around The Clock".

Durito ya había hecho el papel de "Pepino" en la serie de la televisión americana "The Real McCoys". (Mucho después hizo de Sancho Panza en "Man Of La Mancha" en Broadway, con varios de los Quijotes –incluyendo a Raul Juliá.)

Tony Martínez (y de Sancho Panza)

Años más tarde, cuando regresó a vivir en Puerto Rio, fundó una escuela de artes escénicas y una fábrica de velas. *"La escuela pegó, pero la fábrica se me quemó"*, decía Tony (era verdad.)

CONFIDENCIAL ☑ Estando Chucho en el Alameda, lo aborda un productor y Chucho me llama frente a él: "Galán, aquí está un productor de películas, atiéndelo galán, que va a subir". Al rato me tocan, abro y el Don efusivamente me extiende la mano diciéndome: "¡Señor Galán, mucho gusto de conocerlo por fin!"

☑ Filmando con Chucho el comercial de 'Clearasil' todo el día al sol, en un lago de New Orleans (que tiene olas y arena) ¡me dio insolación! Esa noche no salí al jazz con el grupo, y me dormí con el televisor prendido (que en ese tiempo cesaba a la media noche fffffffffff). Al otro día POR POCO ME CAIGO DE LA CAMA, sobresaltado por la voz de un americano. ¡El televisor *revivió*!

CHUCHO VA AL PERÚ

CONFIDENCIAL ☑ Hasta la visita del galán al Perú, el apodo "chucho" en ese país se le daba sólo a los perritos.

☑ Chucho viajó sin mí al Perú, contratado por Gaspar Pumarejo en Panamericana de Televisión. (O sea, que como tenía padrino allá, yo me quedé atendiendo asuntos acá.)

☑ Don Augusto Sarria del sello Odeón quería sacar "Magia Blanca" pero quería regrabarla con la orquesta del show. Me llamó y le dije "grábalo". (Por eso en la colección Disco-Hit "Los Años Rico-Vox de Chucho Avellanet" hay dos versiones.)

AVENTURA CON CHUCHO EN VENEZUELA
'La Dulce Venganza'

Cuando comenzaba a escribir mi columna "Tu Hit Parade" en 1958, se me presentó en la isla un joven Venezolano, Oswaldo Yepes Peña (que iba a casarse con una Boricua). Al igual que yo, él estaba empezando en los medios, y me propuso que compartiéramos ideas y mantuviéramos comunicación. Así lo hicimos.

Oswaldo fundó: el programa "Hit Parade de Venezuela", "Los Premios Hit Parade", y "Discos Hit Parade". Inició allá 'La Nueva Ola' con el grupo Los Zeppy, estelarizado por Al Zeppy y José Luis Rodríguez. Además lanzó a la diva Mirla Castellanos. Luego adquirió Radio Capital (¡un exitazo!) y otras radioemisoras.

CONFIDENCIAL *Cuando Oswaldo Yépez se enteró de que Discos Velvet nos habia copiado temas de Chucho, me regañó –por no haberle consultado lo de cederles el Lp a ellos. Entonces nos puso en manos de Don Ernesto Aue y el Sr. Piña, regentes del "Palacio de la Música" (las personas más decentes dentro de la industria discográfica, ¡ever!) Ellos lanzaron "Jamás te Olvidaré" y Oswaldo, con su Radio Capital la llevó al primer lugar –posición donde reinó por ¡17 semanas!*

¡Y Chucho se hizo ídolo en Venezuela!

LA ODISEA DE UNITED ARTISTS

CONFIDENCIAL Confieso que como "manager" de Avellanet mi meta era el mercado americano –en inglés. En pos de ésta meta, había liberado al artista del sello de mi familia, Rico-Vox, porque estratégicamente, lo que nos abriría muchísimas puertas.

Primero– le hice un "demo" presentándolo cantando el difícil, pero bien pronunciado: grabamos "Diana" y "Oh! Carol" como baladas. (¡Qué buena idea!) Y "Triángulo" de Bobby Capó, en inglés.

Segundo– iba a firmarlo con Liberty, ¡pero no! (les conté todo lo de mi aventura en Hollywood.) Luego con Frankie Day, presenté el demo a Capitol Records (que recién le habían firmado a Bobby Rydell). No aceptaron, pero me ofrecieron el 1% por usar mi arreglo de "Diana" para el primer sencillo de Rydell. Firmé, ¡y fué un hit! (Búsquenlo en 'You Tube'). Del lobo... un 1%.

Tercero: con Leroy Holmes y United Artists.

1eros álbumes que le produje en United Artists.

¡Y al fin grabamos en inglés! Un sencillo con la canción tema de la película del 1965 de UA, "VIVA MARÍA!" con Brigitte Bardot...y el álbum ¡"IN A LITTLE SPANISH TOWN"!

¡BINGO!

Mi nuevo amigo Leroy y yo nos divertíamos trabajando en colaboración: compusimos *"Canción del Amor"* para Chucho y *"Vamos a Contar Mentiras"* para Carmen Delia Dipiní (le hicimos un exquisito Lp). Igual a Leo Marini y a Al Zeppy.

CONFIDENCIAL Aún después de finalizada mi relación de manager/productor con Chucho, Leroy me llamaba para consultarme sobre su repertorio. Así fue que le hice llegar el disco de Luisa María Guell para que, ¡a toda prisa! le grabara la canción *"¡Se Acabó!"*, de Julio Gutiérrez. ¿Viste la movida?

¡Era cuando Chucho y Lisette se divorciaban!

Otra anécdota con Leroy: en la barra al lado del pool en el Hilton se le antojó al maestro pedir el trago llamado "zombie". Le advertí que era peligroso, pues mezclaba licores fuertes. "¡Yo sé beber!" me decía, practicando su español –mientras tomaba uno y otro "zombie"... "¿Por donde está el baño?", me pregunta. Le indico. Se para del stool, me mira muy extraño y... fuácata, ¡que se me vá de espaldas.

CONFIDENCIAL Carta del ejecutivo de William Morris Agency con quien negociaba el representar a Chucho y a Lucecita... en E.U.

WILLIAM MORRIS AGENCY, INC.
1740 BROADWAY · NEW YORK 19, N. Y.
JUDSON 6-5100 · CABLE ADDRESS WILLMORR

February 6, 19__

Mr. Alfred D. Herger
Cirio 504
Altamira, Puerto Rico

Dear Alfred:

Please excuse my not writing sooner, but business and personal affairs left little time to write anybody. I hope the tour is going well and that my letter finds you, Chucho and Lucecita in good health.

I have been playing the records for all the agents at WMA and the response has been pretty good. I sincerely believe as soon as Chucho and Lucy cut English records that they will be fantastic successes. However, it is extremely difficult
some pictures and Spanish
clippings and publicity f
them in performance; a k
that they have recorded
of the above, I'm sure th
start of amazing careers

DONALD D. FIELDS
WILLIAM MORRIS AGENCY, INC.
1740 BROADWAY   NEW YORK 19, N.Y.

Also, please send me more
offered to Chucho, and yo
plan to return to the US.

Warmest personal regards

MR. AL

CONFIDENCIAL

ACCIDENTADA AVENTURA CON CHUCHO

Íbamos Chucho, una amiga nuestra y yo, rumbo al Hotel San Juan... Era cuando la carretera en Isla Verde sólo tenía dos carriles y no estaba bien alumbrada. De pronto, frente a mi auto se nos encima un celaje rojo y ¡pum, que le doy!

Detengo, me bajo, y veo con mis luces a una chica con traje rojo tendida en la carretera. Me aseguro de que no esté sangrando. Personas se acercan gritando que la monte en mi vehículo y la lleve rápido al hospital, pero mi adiestramiento de Boy Scout en primeros auxilios me alerta de que no se puede mover descuidadamente a una víctima accidentada (para evitarle complicaciones y hemorragias internas).

Me coloco frente a ella y el grupo comienza a tornarse hostil: gritándome improperios, culpándome por darle y por no actuar. ¡Me querían linchar! Les pido: "¡llamen una ambulancia!".

Milagrosamente aparece una patrulla. El guardia estudia la situación y me interroga. Le explico y me identifico como "Líder Escucha", pidiéndole cautela. Él decide montarla en su auto, pero le indico que sólo puede ser movida bajo mi dirección. Me mira atónito, pero entiende que hablo con conocimientos, y acepta. Coloco hombres a ambos lados del cuerpo y yo sostengo su cabeza por la nuca con una mano, la otra en su espalda.

Lento entramos al asiento de atrás y ella queda con su cabeza en mi falda.

Le pido al oficial que maneje con cautela. Chucho nos sigue. Llegamos al hospital municipal en la Avenida De Diego (donde ahora ubica el museo). De emergencia traen una camilla y la mueven con muuucho cuidado. Una vez atraviesan las puertas y entran, me reclino en la pared y me escuuurro hasta quedar sentado, exhausto.

La accidentada era una joven turista que intentaba cruzar la oscura calle. Como venía un taxi ella se detuvo en la línea blanca. El chofer sube las luces –asustada y deslumbrada, la joven se echa hacia atrás... y ahí estaba yo.

Ese es el cuadro que presentó en la corte el renombrado abogado (y mi fraterno) Nu Sima Beta, el Licenciado Rubén Gaztambide Arrillaga. El término que usó fue, que "ella reculó". Eso y mi actuación tras el evento –velando por su seguridad– me absolvió de toda culpa.

La visité en el Hospital Ashford y conversé con sus familiares. Claramente no estaban muy contentos conmigo. No obstante, mi padre y yo acordamos pagar una compensación para cubrir sus gastos médicos aquí y en los E.U.

Gracias a Dios, la muchacha recuperó del todo.

¡Amén!

LA AVENTURA DE LA BELLA Y EL ROCKERO: DIANA y CHARLIE ROBLES

Diana con Chucho (y *el switch de la luz.*)

'Rewind' a "Teenager's Matinee": Diana Fernández, era hija del Jefe de Bomberos de la base militar en Miramar, donde vivían. (cerca del canal 11.) La mamá, Doña Priscilla, llega con ella a los estudios y me solicita que la audicione. Lo hice y me gustó. La escogí para ser "La chica de la nueva ola". Grabó *"La Tierra"* con Chucho, le hice un Lp y contribuyó "adornos" con su bella voz de soprano a varios discos de Chucho y de Charlie. (Les cuento de Diana en un rato...)

Es que Chucho cantaba muy bien todo el material que yo le sometía, pero en su corazón, él no se sentía rockero. (Yo necesitaba un rockero genuino.) Comenzaba mi búsqueda, cuando...

ENTRA... ¡CHARLIE ROBLES!

Siguiendo la fiebre del twist y el éxito del *"Peppermint Lounge"* en NY, en el viejo San Juan abrieron el *"Candy Club"*. Lo visité llevando a Brian Hyland. Allí tocaba el legendario guitarrista Mr. Leroy Sentiff, maestro de jóvenes que formaban grupos y dueño de una tienda de instrumentos, música y discos. Su cantante era Charlie Robles.

Charlie rockeaba extraordinariamente bien todos los hits americanos. Hablo con él y para mi sorpresa se me identifica como un 'Boy Scout' que de pibe tomó clases de brújula conmigo –cuando yo era consejero en el *staff* del Campamento Guajataca. (¿Okey?)

Le dije: *"Te quiero grabar un disco con hits americanos en Español."*

Me contestó que lo de él, *"era cantar en inglés"*, pues cuando su familia se trasladó a NY se había fanatizado con Presley, Bill Halley y los demás. Pero ahora, de vuelta a la isla se inició en el Club Pentagrama de Don Arturo Díaz Rivero, formando parte del Trío Los Románticos, junto a... Papo Román y Pepito Maldonado. (¡futuras estrellas!) *"Pero necesitaba cantar rock, así que me uní a Leroy Sentiff y sus Kandy Men"*, dijo.

A la semana estábamos en Ochoa Recording con el genial técnico de sonido Vicente Cartagena, grabando *"Pequeño Diablo"* (letra de Charlie), y con mis letras: "Pequeña Dianne", "Amor Universal", "Ruby Baby", "El Turista", "Mi Destino es Llorar". Y... ¡"Anoche no Dormí"!

¡Lo demás es historia musical!

Charlie jugaba con la voz. Sus falsetes eran impresionantes. Se inventaba gritos: *"¡eh eh!"* y frases como *"¡escúchame bien!"*. Retrataba bonito y sus movimientos eran altamente efectivos: ¡el paquete completo!

La química entre Chucho y Charlie resultó ser más que espectacular. ¡Eran dos cómicos natos! Se podían pelear las novias, pero en todo lo otro se respaldaban.

Esta foto, en la histórica WNEL de Caguas (Radio Tiempo), es con mi fraterno NU SIGMA, Néstor Estéve. Chucho y Charlie en su primer entrevista juntos. (¡Eran unos nenes!)

CONFIDENCIAL GARATA de Chucho y Charlie: ellos tenían que entrar a un lugar pasando desapercibidos –para evitar problemas. Como andábamos en mi carro, yo les sugiero que se escondan en el baúl.
¡Buena idea! me dicen a dúo.
Lo hicieron, y una vez entramos al lugar, cuando les abro el baúl, ¡salen garateándo, fajaos, echándose culpas: *"¡Tú fuiste, fuiste tú!"*... *"¡No, fuiste tú, fuiste tú!"*
¡Aquello no olía bien!

LA BELLA DIANA

"Detalle curioso respecto a su lanzamiento es el hecho de que, aunque Diana es el nombre con que fue inscrita ... hasta entonces lo pronunciaban en español. Sin embargo, evocando el que fuera primer exitazo de Paul Anka (el ídolo juvenil de moda) "Diana", Alfred tuvo la visión de presentarla siempre pronunciándolo en inglés ("Daiana"), generando así, entre muchos, la ilusión de que Anka le había dedicado su canción."

Alexis Morales Cales

De ella, Javier Santiago, creador de la Fundación Nacional para la Cultura Popular dice:

"Diana fue el primer ídolo nacional femenino que tuvieron nuestros adolescentes. Cuando el visionario animador y productor Alfred D. Herger gestaba La Nueva Ola, junto a Chucho Avellanet y Charlie Robles, Diana encabezó el Clan original, siendo la antecesora de Lucecita.

Diana actuó en obras como "West Side Story", pero al tiempo de salir de mi clan, abandonó los escenarios para seguir su gran devoción: formar una familia. (Y no regresó).

CONFIDENCIAL La cantaleta de Marcelino Miranda, mi musicalizador, compadre y consejero:

"Alfred, tienes que chequear a esta nena que está cantando aquí en el canal con Víctor Lanz y Caridad Pereda. Toca guitarra zurda y canta tangos con una voz ronquita que te va a gustar. Se llama Lucecita Benítez. ¡Atúki!

A mi me gustaba ese tipo de voz ronquita (como Brenda Lee) y Marce lo sabía. Lucecita ¡ME ENCANTÓ!

Aunque había considerado a Carmín Vega, otra chica del canal 11, me inspiraron a contratar a Luz Ester Benítez Rosado su voz y el dramatismo de sus tangos. Lo demás... ¡Atúki!

¡MI AVENTURA CON LA REINA DE LA JUVENTUD!

LUCECITA

(Chucho, ¡otra vez!)

CONFIDENCIAL En aquellos momentos yo tenía una posición estelar en el panorama de la TV y la música. Además, había probado mi talento empresarial. Doña Luz, la mamá de Lucecita, amable y cariñosa, me expresaba mucho agradecimiento por las atenciones que su hija recibía de mí. ¡Y me hacía tremendas cenas! Lucy aprendió a cocinar sabroso de una gran maestra.

El papá, Don Vitín, trigueño, alto, fuerte, estricto –marino mercante de profesión– me abrió las puertas de su casa y de su corazón: "A la única persona que yo le confío a mi hija es a usted. Mientras esté con usted, bajo su cuidado, es como si estuviera conmigo." ¡Atúki!

☑ Mi abuela me insistió en que usara dos 'c', en vez de una 'c' y luego 's' (~~Lucesita~~) en el nombre artístico de Luz Ester. ¡Era correcto español!

☑ LUCECITA y yo firmamos un contrato similar al que tenía con Chucho: siete años, 30% de comisión, y mi palabra era final en las decisiones artístico-musicales. Después formalicé el mismo acuerdo con Julio Ángel, Tammy, Al Zeppy y... ¡Danny Rivera!

CONFIDENCIAL Pero Danny se impacientó, ignoró el acuerdo y se hizo agente libre. Tenía prisa por llegar y Chucho estaba muy adelante. No le reclamé por romper el contrato, porque con él confirmé que no debía firmar actos similares. Por eso, cuando Sophy se me acercó, sentí que chocaría con Lucecita. (Gracias Sophy por mencionar algo en tu biografía. Tú, como Danny, eras y eres, ¡EXCEPCIONAL!)

Con Lucecita grabábamos canciones y las íbamos probando en el "Teenager's Matinee"... pero el primer 'trabajo real' que le apareció fue en *"El Gato Tuerto"*, una elegante "boite" por la Avenida de Diego, al inicio de la Calle Loíza.

Yo le organizaba su material, la buscaba (en la calle Comerío de Bayamón), íbamos al club, supervisaba sus tres sets (que ella hacía con su guitarra) –y la cuidaba. De vuelta a su casa, hablábamos de lo que estaba funcionándole y revisábamos el repertorio.

Al final de cada semana, cobraba su paga en el local y nos repartíamos: 70% ella y 30% yo.

Su 2do contrato extenso fue con El Hotel Meliá en Ponce. Lucy se quedaba allá durante la semana y regresaba a la casa un su día libre. Yo la acompañaba en fines de semana, para chequear la rutina y hacer el cobro. El hotel fué muy generoso en cuanto a las habitaciones y los alimentos. Un trato de primera. Con muchísimo éxito ella duplicaba en Ponce lo que habíamos madurado en "El Gato Tuerto".

El debut en shows de plaza pública fue con mi amigo y maestro Don Gilbert Mamery, para su emisora WTIL en Mayaguez. (Para las plazas llevábamos un grupo de músicos acompañantes.)

CONFIDENCIAL *Su primer presentación fuera de la isla fue en Santo Domingo, con Gladys Núñez, en una revista musical coreografiada y dirigida por Leonor Constanzo. Yo las acompañé en el viaje. Se presentaron en el night club de Radio Televisión Dominicana. Los arreglos de Lucy eran por el Maestro Redamés Reyes Alfau: para dos trompetas, saxo, piano y batería. (Nos cobraba a $25.oo el arreglo).*

Shhhh... allá nos pasó algo inesperado y curioso: Un poderoso oficial policíaco desarrolló ferviente admiración por una de nuestras guapas bailarinas. A su novio, que la acompañaba durante el viaje, una media noche ilo devolvieron para PR! (Al parecer, si no se montaba en el avión iba preso!) Oh, pero bueno...

LOS PRIMEROS DISCOS

Le diseñé la caratula del 1er álbum usando tiras que el excelso fotógrafo Melero, padre, había picado de unas fotos en blanco y negro. Coloreamos, y ¡VOILA!:

El 2do álbum:

"Teenager's Matinee" le dio a Lucy su 1er éxito,"Un Lugar Para Los Dos". Letra mía y del cantautor Ángel Aponte, para "I Only Want to Be With You". "Dile" y "La Renuncia" eran importadas. En su 1er Lp de RICO-VOX le hice letras a: "Zipidi Du Dah", "Mis Problemas de Amor", y las joyitas: "Ya No Te Puedo Olvidar", "Yo Te Perdono", "Entonces Él Me Besó", "Como Siempre", "Bello y Extraño es el Amor" y "Aunque se Caiga el Mundo". ¡Éjele!

CONFIDENCIAL *En "Ya No Te Puedo Olvidar" el tono de la pista le quedaba ALTO y Lucy tuvo que "parirla" (marcando así su giro interpretativo). Algo parecido sucedió con Chucho* en *"Jamás te Olvidaré". Literalmente él tuvo que agarrarse de un piano para dar las notas altas.*

Para el 2do álbum Rico-Vox puse seis letras: "No Seas Tan Bobo", "Espejismo", "Vuelve Ya" y... "El Rebelde" –que antes me grabaron Vicky Carr y Sonia Noemí González. (También Sonia me había grabado "El Fin del Mundo" y "Tesoro".) "El Club del Clan" la adapté de "Muévanse Todos" (letra de Méjico). El hit mayor de Lucy, "Vete con Ella" es letra Mejicana también. "Hello Dolly", "Ayúdame a Creer", "Con un Beso Picolíssimo" y "Quisiera Ser Princesa" eran hits internacionales.

CONFIDENCIAL En la RICO-VOX había un presupuesto modesto –que se estiraba al máximo. Después, cuando junto a Paquito Cordero fraguamos la empresa Herger-Cordero (Her-Cord Inc. –el sello HIT PARADE), le pudimos mejorar la remuneración a Lucecita y a Julio Ángel. Entonces Don Sonny se convirtió en el distribuidor exclusivo del sello. ¡Y felices los cuatro! En 'Hit Parade' Lucy estableció records de ventas, con órdenes garantizadas de nuestro primer Lp.

CONFIDENCIAL Para éste disco, dos canciones grabadas en Venezuela, financiadas por mi padre, fueron donadas por él al nuevo sello. Eran arreglos a gran orquesta y dirección por Eduardo Cabrera: "No, No es Igual" (mía), y de Lucy y 'Cuqui': "Luna de Mil Años".

Con el acompañamiento del maestro Don Rafael Elvira, del LP jitearon primero: "Al Lado" (de Palito Ortega), "La Playa" y "Dime Dolor". (Shhhhhh... "Dime Dolor" fue un éxito con sabor agridulce, pues Lucecita la estrenó el día después de haber tenido aquel trágico accidente de auto donde pereció una persona.)

Después se pegaron: "Esos Ojitos Negros" (con arreglo mío) y "Virgen Negra", ambas con el acompañamiento musical por los Ponceños "Joe King Birds" de José 'Pepe' Castillo.

ME LLEVO A LUCECITA A VENEZUELA

CONFIDENCIAL Tenía a Chucho bien 'pegao' en Venezuela y el canal 8 nos hizo una jugosa oferta para que dejáramos al 2. Me apenaba dejar a Renny Ottolina, pero acepté –con la condición de que me llevaran también a Lucecita. Trato hecho: ella siguió a Trini López como estrella del canal (recibiendo gran publicidad en prensa y televisión), también siguió a Trini en el night club del Hotel Tamanaco Intercontinental (después vendría Antonio Prieto). En la radio, miamigo Oswaldo Yépez programó fuertemente "Un Lugar Para Los Dos".

En Venezuela ya le había producido a Chucho las grabaciones: "El Errante", de Luís Cruz (donde le pedí al maestro Cabrera un arreglo estilo "Born Free") y mi tema "Por Siempre Te Amaré" (Por Siempre Amor). Adems, con músicos del amigo Chelique Sarabia, autor de "Ansiedad", su canción "No Te Muerdas Los Labios", y mi tema "Qué bonita Vas". A Lucy le produje, con la gran orquesta de Cabrera, los dos temas del Lp 'Ole' y con la gente de Sarabia: "Una Gotita de Miel" y "Estoy Desesperada".

Al volver de Venezuela, mientras viajábamos a la Argentina Chucho, Barbara y yo, Lucecita animó el show en TV junto a Julio Ángel. Cuando regresamos ellos le habían inventado la letra al tema: *"Ahora les canta la juventud"*. ¡Tremendo trabajo en equipo!

CONFIDENCIAL

Dos anécdotas con Lucecita en Caracas:
1- En los estudios del canal 8 ella se puso furiosa –no recuerdo porqué– y cuando quise calmarla, me salió de atrás pa'lante ¡en pleno estudio! (Pero como hacen falta dos...)

2- A la salida hicimos las pases, ¡pero el "pon" se nos había ido! (Los estudios quedaban bien leeeejos.) Como a tres bloques de donde estábamos vemos un taxi, y súbitamente Lucy emite un pitazo (un silbido), fuerte, fuertísimo.

¡Screechh, el taxistas respondió!

Tu Hit Parade

Por Alfred D. Herger

DESDE VENEZUELA

Estuve en la encantadora Venezuela, donde pasé mis primeros días de luna de miel. Como ya saben hace varios días dejé de ser soltero. La 'desafortunada' chica es mi ex-novia Bárbara Ann Dorsey Mendoza, hoy señora de Herger.

De Venezuela partimos a la Argentina, país que siempre he soñado con conocer. Desde allí también les enviaré informes sobre el movimiento artístico musical en esa plaza.

LUCESITA TRIUNFA AQUI

Todos comentan, muy favorablemente, las actuaciones de la juvenil estrella boricua Lucesita. Ella vino exclusiva para el canal 8 de televisión (CVTV) y el programa "La Gran Revista de los Jueves". Este espectáculo en la actualidad es el más costoso y el más aplaudido de la televisión venezolana. Un ballet de 36 bailarines y modelos, una orquesta completa de cuerdas y metales y un elenco de estrellas.

LOS EXITOS DE AQUI   2/27/65

1— Voy —Felipe Pirela
2— No Te Muerdas Los Labios —Chucho Avellanet
3— Y Volvamos al Amor —Mirla Castellanos
4— En Mi Viejo San Juan —Billo's Caracas Boys
5— Pretty Woman —Ray Orbison
6— De Rodillas Ante Ti —Johnny Marandy
7— Luna Nueva —Trío Venezuela
8— Un Lugar Para Los Dos —Lucesita

CONFIDENCIAL Antes de Venezuela y Argentina, Chucho y yo hicimos un viaje 'flash' a NY para ver al monstruo del pop francés, el cantautor y showman Gilbert Becaud. Estaba haciendo su 'one man show' en Broadway. ¡Y allá fuimos a verlo! Fue un banquete de sus canciones: cada tema era un drama. Tocaba el piano, bailaba, sorprendía con gestos y mímica... ¡Presentó un show increíble!

(Seguíamos con la escuelita.)

DE UN REPORTAJE PERIODÍSTICO

"Al firmar a sus artistas nuevaoleros, Alfred le manejaba todo, desde la publicidad y las contrataciones, hasta el nombre artístico, sus canciones, el estilo, la vestimenta y su proyección escénica.

Dada su habilidad de escribir y adaptar letras de canciones, creó las versiones en español de éxitos en inglés como 'El Diamante', 'Magia Blanca', 'El Rebelde', 'Juntos' y 'Anoche No Dormí', entre otras.

'Yo buscaba canciones que se amoldaran al estilo de mis artistas y las versionaba en español', recuerda.

Esta labor de hacer versiones no le impidió componer letra y música para sus propios números, entre ellos, 'Los Ángeles Descalzos', grabada por Tammy y por el grupo Allegro, 'No, no es igual', grabada por Lucecita y Anexo 3, y 'Quemadita' grabada por Donald de Argentina, La Tropa Loca de Méjico y Titti Sotto en N.Y."

XAVIER J. ARAÚJO

ESCRIBO CANCIONES PARA LA NUEVA OLA

El primer hit americano al que le escribí letra en español fue *"Many Tears Ago"* de la principal estrella femenina de los '60, Connie Francis, mi título: "Amor a Primera Vista":

*"Amor a primera vista, eso fue lo que sentí.
Y tu me correspondiste, cuándo dijiste que sí."*

El tema salió en el primer Lp de Chucho. (Rico-Vox 501.) Seguí haciéndole letras al galán igual hice para Diana, Charlie Robles, Lucecita, Julio Ángel, etc. Me convertí en una máquina haciendo letras. Mi técnica era: seguir el fluir de las vocales en la primera línea y/o el coro, y tararearlas repetidamente hasta encontrar una frase en español que le encajara.

Así me nacía el título, y luego un argumento para la letra. Ejemplos:

"Another saturday night", se convirtió en:
"Anoche no Dormí".

"Going Back to Houston", pasó a ser:
"Cuando estemos Juntos".

Por lo general mis letras no eran traducciones de las originales. Eran cuentos nuevos.

La 1er canción que escribí <u>con letra y música</u> fue "Este Amor" para la película "Bello Amanecer" con Chucho. El arreglo lo hizo Don Luisito Benjamín, el prodigioso pianista. Me dijo: "Alfred, de tu obra se pueden sacar tres canciones. Voy a trabajar con la primera parte, que de por sí, es como una canción independiente. ¿Está bien?" "¡PUES CLARO!".

En Venezuela, Lucecita grabó mi tema *"No, No es Igual"* y Chucho, las 'continuaciónes' de *"Jamás te Olvidaré" - "Por Siempre Te Amaré"* (*Por Siempre Amor*), y de *"Magia Blanca" - "Qué Bonita Vas"*, letras y música mías (Ese tipo de *"follow up song"* abundaba en la industria.)

En Hollywood hice la letra de *"El Rebelde"* para Vicky Carr (Y tres letras más); otras tres para Vic Dana y una para Johnny Rivers.

CONFIDENCIAL *Sobre algunas de mis letras: "Magia Blanca" es "Devil Woman" en inglés. En ella, el cantautor 'country' Marty Robbins, cuenta su infidelidad con una "endiablada mujer" –y que le confesó todo a Mary, su esposa, quien lo perdonó. Le recrimina a la amante, pidiéndole que lo libere de su hechizo... La historia que yo le hice en español es más 'digerible'. ¡La convertí en un bello piropo para la mujer amada!*

Para Charlie Robles hice "Anoche No Dormí", del éxito "Another Saturday Nigth", por Sam Cooke. Aquí Sam se lamentaba de "otro sábado en la noche, sin nadie con quien compartir". (Pero le escribí otra cosa: "¡peleé con la almohada!".)

"El Diamante", por Julio es "This Diamond Ring" de Gary Lewis. La original dice: "¿Quien quiere comprar este diamante?". (Le puse algo parecido.) Con Al Zeppy grabé "Juntos", palabra que suena como "Houston" (el título original de Dean Martin). (Se la dediqué a Bárbara, –jurándole fidelidad– para que nos casáramos).

Mi cuento de "El Rebelde" sigue casi al pie de la letra la historia original, "He's a Rebel", del cantautor Gene Pitney. Como Vicky Carr no la pegó, después la hice con Sonia Noemí. Pero cuando la produje con Lucecita, utilizando el estilo de Phil Spector para con The Cristals, ¡BOOM!

EL REBELDE
© Alfred D. Herger

Vean como camina él,
orgulloso tal como un rey.
Sus amigos lo respetan, todos lo admiran a él.
Por rebelde.

De la mano va junto a mi, y conmigo es tan gentil.
Si en sus cosas es distinto, los mayores lo critican,
lo condenan por ser así... y...

Si es rebelde por su forma de ser y actuar
si es rebelde porque no se deja dominar.
Yo lo quiero y lo comprendo, como él hay pocos.
No le dan la oportunidad
y por eso es así, su personalidad.
No es rebelde no no, no es rebelde no no, para mi.
No es rebelde no no, no es rebelde no no,
No es rebelde no no, no es rebelde no no.
No es rebelde no no, no es rebelde no no, para mi.

EL DIAMANTE
© Alfred D. Herger

Tengo que cambiar este diamante
pues sólo hará sangrar mi corazón amante.
Este diamante ya, ya no brillará
y este diamante no me sirve más
Se alejó y me dejo tan triste... solitario y triste.

Tengo que cambiar este diamante
pues ya sin su querer, voy a seguir errante.
Este diamante ya, ya no brillará
y este diamante no me sirve más.
Se alejó y me dejó tan triste... solitario y triste.

MAGIA BLANCA
© Alfred D. Herger

Magia blanca tu tienes, me has hechizado a mí.
Con tu mirada coqueta, con tu manera de hablar.
Cuando pasando caminas, todos te admiran a tí.
¿Porque eres así? ¡Fíjate en mí!
No me hagas sufrir.

Oh, magia blanca, magia blanca, que me embrujó
Magia blanca tienes tú,
me haces rogar con tu castigar.

Linda mujer divina, llena de encantos mil.
Sabes que eres hermosa y a todos quieres rendir.
Yo estoy dispuesto a humillarme,
si esperanza me das.
Si puedes amar, te voy a adorar.
Todo te lo daré.

Oh, magia blanca, magia blanca, que me embrujó
Magia blanca tienes tú,
me haces rogar con tu castigar.

JUNTOS
© Alfred D. Herger

De aventuras ya me cansé,
amoríos no buscaré.
Solo por ti viviré y mi nombre te daré.

Ay, cuando estemos juntos, juntos, juntos.

Yo mi vida reformaré, un nuevo hombre seré.
Ya encontré lo que busqué. Tu serás mi renacer.

Ay, cuando estemos juntos, juntos, juntos.

Contigo me casaré, tan dichosa te haré.
Tus caprichos complaceré, a ti me consagraré.

Ay, cuando estemos juntos, juntos, juntos.

ANOCHE NO DORMÍ
© Alfred D. Herger

Anoche no dormí, peleé con la almohada,
porque en los sueños me habla de ti
Tendré que pasarme otra semana, desvelándome así.

Temprano me levanto me voy derechito a trabajar.
Luego a mi casa, y nada nuevo pasa,
no veo ni televisión.
<u>Hablado:</u>
"Ya no duermo... cuento las ovejas y nada consigo.
Me tomo las pastillas, pero siempre sueño contigo."

Me cansa la rutina.
Quisiera poderla cambiar.
Pero siempre encuentro un recuerdo dentro,
que me hace desvelar.
<u>Y se repite el coro:</u>
Anoche no dormí, peleé con la almohada...

MÚSICA Y LETRAS MÍAS.

LOS ÁNGELES DESCALZOS

©Alfred D. Herger

Los ángeles descalzos,
son hijos de Dios también.
Con sus caritas sucias,
envejecen sin crecer.
Nacidos en la guerra,
son niños sin hogar.
Los ángeles descalzos, sin lágrimas que llorar.

Son cuerpos tiernos sin abrigar.
Son mentes frágiles para indoctrinar.
Los ángeles descalzos
desnudos están.
Y quien sabe mañana,
¿de que color vestirán?

Humanidad, ¿a donde vas?
¿Cómo hallarás tranquilidad?
¿Que podré hacer... en bien de ti?

Los hijos del hombre queremos la paz.
El mundo se sacude en un giro mortal.
Las vidas se marchitan, los cuerpos pudrirán.
Parece que olvidamos el amor que un día existió.

Los ángeles descalzos,
son hijos de Dios también.

NO, NO ES IGUAL
© Alfred D. Herger

Introducción suave:
Me engañaron tus palabras cariñosas.
Me engañó tu manera de pensar.
Más hoy, que he llegado a conocerte,
me he dado cuenta, que no es igual...

Fuerte:
No, no es igual al amor, no puede ser similar.
No, no es igual al amor, pues me hace llorar.
No, no es igual al amor, pues sólo trae el dolor.
No, no es igual al amor, lo que finges tú.

Parece amor, al mirar, al hablar,
al decir yo te quiero.
Parece amor, al besar,
al andar por aquel sendero.

Mas no es igual al amor, no puede ser similar...
(Y repite todo lo fuerte.)

QUEMADITA (De Sol)
© Alfred D. Herger

Quemadita, quemadita, quemadita de sol,
que linda te ves, quemadita de sol.

Bronceadita, bronceadita, bronceadita tu piel.
Que linda se ve bronceadita tu piel.

Te pasas el día en la playa,
luciendo tu cuerpo, tu linda figura.

Quisiera estar contigo en la arena mi amor.
Jugando en el, sol, a pleno calor.

OTRAS PRODUCCCIONES
DURANTE MI TIEMPO
CON PAQUITO CORDERO
(TV y DISCOS)

CONFIDENCIAL Le dije a Paco: "Yo soy un 'Company Man', ¡ponme a producir!". Y al mediodía le produje "2 a Go Go" con Julio Angel, Tammy y Los Diamantes. Para martes y Jueves por las tardes le armé "La Discoteca Pepsi", animando, Marianito Artau. Salvador Rosa, Hijo, me coordinaba la producción (y compuso el pegajoso tema musical). El elenco: mi compadre Papo Román, Lisette, Los Sonset, Las Estrellitas, Yayi e Ileana y en algunos programas, Las Caribelles. ¡Tremendos shows!

"Discoteca Pepsi"   "2 a Go Go"

Le propongo a Paquito que los Domingos hagamos un espectáculo nocturno, titulado "Lo Mejor de la Semana" con un extracto de los momentos claves del "Show de las 12". Le gustó el nombre y el horario, pero prefirió grabar segmentos nuevos. Ahí nace "Marcando el ritmo de la Moda" una versión elegante de "Canta La Juventud" – conmigo, Lucy y Chucho.

También se intentó un espacio para jóvenes con la prole de Gaby, Fofo y Miliky, dentro de "El Show de las 5"... pero no hubo suerte.

SIEMPRE PRODUCIENDO DISCOS

Con el sello "HIT PARADE" grabé muchos artistas, entre ellos: Lucecita, Julio Ángel,

y:

Para Rico-Vox y Flamboyán

Ednita   Tavín   Dedi

Produje las primeras grabaciones de Ednita Nazario y "La Salserita", Dedi Romero (unas nenitas) y el 1er Lp de mi pana, el "hígado de ganso", Tavín Pumarejo. Fuimos..."ia la cúspide del fracaso!" –sus palabras textuales.

DISCOS DE MI ASOCIACIÓN CON LEROY HOLMES:

AVENTURAS HACIENDO CINE

A través de los artistas a quienes manejaba sus carreras, me envolví en la incipiente industria del cine en Puerto Rico. Principalmente eran producciones locales de Paquito Cordero, Don José Raúl Ramírez, y productores de Méjico.

CONFIDENCIAL En Noviembre 22 del 1963 estábamos filmando con Machuchal y Chucho, "Millonario A Go Go" cuando Elín Ortiz llegó al área de la piscina del Hotel Condado Beach, escandalizado por la noticia de que habían asesinado al Presidente John F. Kennedy.

"¡MATARON AL PRESIDENTE!" nos gritaba...
"¡MATARON AL PRESIDENTE!"

CONFIDENCIAL * Aquella película de Machuchal con Chucho se tituló:"Millonario A Go Go" y/o "El Jíbaro Millonario". En ese film el galán cantó "Jamas Te Olvidare" (con la letra Mejicana para el hit mundial "I Can't Stop Loving You"). Uno de nuestros "padrinos" Mr. Frederic Reiter de Morro Music, NY nos consiguió los derechos por sólo $125.oo, ¡una ganga!

* Usualmente los derechos de autor de las canciones eran trabajosos o costosos, por lo que decidí incluir éstos en los $ que negociaba con los productores. Por eso se usaron las composiciones mías de letra y música. La primera "Este Amor", para "Bello Amanecer", con Braulio Castillo –Chucho la filmó en el funicular del Hotel Conquistador, en Fajardo.

* En las películas dirigidas por Don Fernando Cortés: "Una Mujer Sin Precio" (1966), Avellanet cantó mi balada "Por Siempre Te Amaré" y en otra, "Vírgenes de La Nueva Ola" (1969), hizo mi composición rítmica "Qué Bonita Vas", con acompañamiento doblado por Los Sonset. (Ambos temas están en You Tube.)

* "Puerto Rico en Carnaval" la dirigió Don Tino Acosta. Chucho actuó con Braulio Castillo, padre, Gilberto Monroig, Víctor Mojica, Tin Tan y Marcelo y Mirla Castellanos (la Diva de Venezuela). En el film Avellanet interpretó, "Tímida" –la escogí por estar basada en una melodía clásica.

(Promociones de algunas películas)

☑ Al cerrar la década, Chucho hizo la producción Mejicana "Un Amante Anda Suelto", junto a Alberto Vásquez, Nydia Caro y Julio Ángel, entre otros. Desde los 60, hasta el presente, el galán ha filmado varias películas más.

CON LUCECITA, UN PROCESO SIMILAR:

Le escogí "La Bamba", un tema tradicional, para el film "Machuchal Agente 0" (1964). En "Yo Compro Esa Mujer" (1967), con Braulio Castillo, padre, y Maribella Garcia cantó mi composición original "No No Es Igual" (está en You Tube).

Lucy también figuró en "El Curandero del Pueblo" (1969) con Adalberto Rodriguez (Machuchal) y en otro film, "Operación Tiburón" o "Tres Puertorriqueñas y Un Deseo". (También tenía dos títulos.)

Para la película "Los Tres Pecados" o "En Mi Viejo San Juan" (un título para Mejicanos y otro para Boricuas), que dirigía Fernando Cortés y producía Paquito Cordero, en el reparto no tenían ninguna "*nueavaolera*", por lo que me pidieron una canción 'moderna' y original para ser interpretada por un personaje femenino. Les presenté un 'demo' de mi tema "Rompecorazones", con Tammy (muy coqueto y pegadizo). Les gustó, y utilizaron la canción.

Mas adelante usé aquella grabación 'demo' para completar un álbum de mi artista Tammy.

Esa fué mi experiencia en el cine de los '60.

CONFIDENCIAL
¿Y EL FAMOSO TRIÁNGULO AMOROSO?
(De lo más bien, gracias.)

La llegada de Lisette fue bien recibida por todos. La íbamos a ver al Mirador Lounge del Hotel La Concha. Con su guitarra cantaba Bossa Nova, (como "Agua de Beber"), boleros, etc.

En la Nueva Ola Lisette estaba como pez en el agua. Pero no imaginamos su poderoso potencial comercial. ¡La pegó del techo! Shhhh... aclaración: yo nunca produje, ni manejé a Lisette. Ella entró a nuestro círculo mediante su amistad con Lucecita. Oficialmente no era del "clan", pues su papá, Don Tony Álvarez, la manejaba y ella cantaba en la sección "Olga y Tony", del "Show de las 12". Además, grababa con Discos Borínquen, de Darío González.

Siempre me sorprendió su puntería para seleccionar éxito tras éxito. En su 1era etapa contaba con el marco musical del Maestro, Don Mandy Vizoso, ¡un arreglista genial!

¿Y el triángulo? En honor a la verdad, más allá de algún beso robado a espaldas del estricto 'manager' (yo), la relación de Chucho y Lucecita nunca cuajó. Aunque es posible que ella sí llegara a ilusionarse, por "el trato continuado" (y los libretos donde los ponía a cantarse como enamorados –para crearle ilusión a la fanaticada).

Pero, en verdad, la verdad era que Chucho estaba BIEN enamorado de Lisette.

Lo del triángulo amoroso nació de una estrategia de mercadeo... y floreció,

¡EL AMOR!

MI SANTO COMPADRE PAPO ROMÁN

Oficialmente Papo no estaba en mi 'clan', pero nos unía gran amistad, por nexos con 'Saso' (Salvador Rosa, hijo) y dos jóvenes que al inicio formaron un trío con él: Charlie Robles y Pepito Maldonado. Su esposa, Betzaida Gloró, ('centralina' como yo), era mi secretaria. Cuando viene el primogénito, Danny, me piden que sea su padrino. ¡Rápido acepté!

Por medio de Don Arturo Díaz Rivero y Roberto Yanés, conseguimos grabarle en Argentina, con el maestro Lucio Milena, la música para el álbum con su mayor éxito "Que Se Repita Esa Noche" (tema de Arturo que yo edité.)

CONFIDENCIAL *La carrera de Papo tristemente terminó por una broma muy cruel. En una fiesta en NY, cierta 'celebridad', traviesamente le echó gotas de LSD en su vaso. Desde aquel terrible 'viaje' mi compadre nunca volvió a ser el mismo: se desubicaba y tenía tropiezos al comunicarse... Así fue perdiendo contratos, relaciones... y a su familia. Con el correr el tiempo, su corazón se detuvo. Con honda pena identifiqué su cuerpo. Al final le pudimos dar merecida y honrosa despedida. Descansa en paz, hermano.*

NENAS FINAS Y... CHICOS RUDOS

Don Fausto Curbelo, pianista, hermano de José Curbelo (el "manager" del amigo Don Tito Puente), vivía en la isla y tocaba con las mejores orquestas en los hoteles –donde muchas veces nos encontrábamos. Un día Fausto me dice que me quería presentar un lindo cuarteto de voces femeninas: eran Las Caribelles.

Norma, Emily, Mary Lynne, Frances y Fausto

CONFIDENCIAL A las atractivas muchachas, elegantes y finas, les sorprendió que yo vistiera mahones 'rotos'. (Me enteré después.) Ellas me cantaron utilizando bellas armonías. Venían del conservatorio de música, con experiencia coral y gustos exquisitos. Como tenían potencial, les expliqué mi estilo de producir y mi criterio en cuanto al repertorio –o sea, mis reglas de juego. Le dieron seria consideracion al asunto, ¡y aceptaron jugar conmigo! Firmamos y graba-

mos un magnífico álbum: "Los Tiempos de Antes (Y Los de Ahora)" con Fausto Curbelo y Las Caribelles. Simpática portada, buenos los temas, los arreglos, el sonido y... "La Felicidad". (La 'cancioncita' de Palito Ortega que las llevó a la radio.) Las nenas pegaron, especialmente en televisión. (Eran como un dulce para las cámaras.) Al tiempo renegociaron el acuerdo con Curbelo y siguieron sin su acompañamiento.

CHICOS NO TAN FINOS

De adolescente, Orville Miller animó el show de TV *"Teen Time"*, donde bailaban parejas y tocaban los grupos rockeros que actuaban en el Miramar Center, del empresario Rubén Pérez. Sucedía aquí lo mismo que en otros lugares: desgarbados chicos rudos con pelo y guitarras *¡creaban una revolución!* Los solistas perdían terreno, ante una nueva, nueva ola, compuesta por clones de los Beatles y los Rolling Stones.

Aquel movimiento produjo aquí poderosos grupos como Los Challengers (con Rino Habif), The Teen Sounds, Telstars, Bandolero, Los Thunders, The Sunsets y muchos otros.

Surgieron músicos talentosísimos, como el futuro 'Beach Boy' Carli Muñoz, que junto a Jorge Calderón y Tessie Cohen organizaban The Living End, con los que viajó a E. U. donde se quedó años, tocando con Wilson Pickett, Jan and Dean, Peter Cetera, George Benson, The Association, y ¡The Beach Boys! durante más de una década.)

CONFIDENCIAL Me envolví con los grupos, presentando "La Batalla de Las Bandas" en un hotel del Condado. Pero, el éxito nos traicionó, pues llegaron enjambres de jóvenes que inundaron el lobby, asustando turistas y administradores. El San Juan Star lo reseñó y nunca más se me facilitó el uso de esos salones para "batallas rockeras". Decidí entonces incorporar a mis producciones discográficas y de TV uno de estos grupos. Le grabé pruebas a los Teen Sounds, los Telstars y los Sunsets.

Escogí a Cuco, Indio, Dino y Billy, por que me ofrecían una combinación comercial: imagen, personalidades, musicalidad y dominio escénico. Los rebauticé como SONSETS (una palabra inventada –como Beatles). Nuevos uniformes, fotografías profesionales, prensa, un buen Lp, TV, ¡y el apellido Sonset para todos! CHICOS RUDOS con cierto refinamiento. ¡Y me funcionó!

<u>**Cuco, Indio, Dino y Billy**</u> –lancé a **¡LOS SONSET!**

LOS CITé A MI CONDOMINIO PARA NEGOCIAR Y SE ME PRESENTARON AL PARKING EN MOTORAS Y JACKETS DE CUERO.
¡UNA VECINA ALARMADA LLAMÓ A LA POLICÍA! TUVE QUE DAR EXPLICACIONES. PERO, COOL, LOS GUARDIAS ERAN FANáTICOS.

#SIGUEN LOS CAMBIOS

CÓMO TERMINÓ MI RELACIÓN CON LAS EMPRESAS CORDERO

```
 O O
  |
 /\
```

De muchacho ningún deporte me funcionaba i nunca di pié con bola! En la UPR tomé Judo con el *Sensei* Otto Brito, pero un estudiante inexperto me tiró de chola, no me aguantó y me *trasquiné*. Fin del Judo pa' mí.

De adulto joven jugué *soccer* con Gaby Fofó y Miliky, Don Mario Pabón, y otros amigos, pero nunca aprendí más allá de que *"No podía tocar la bola con las manos"*. Jugábamos en el canódromo, detrás del Bithorn. Yo tenia tenis, *shorts* blancos y camiseta blanca. Me decían *"Blanca Nieves"*.

Una noche llovió torrencialmente y los Aragón firmemente dictaminaron: *"¡El soccer no se detiene por lluvia!"*. Pero el agua produjo fango. Esa noche dejé de ser Blanca Nieves. (Y también dejé de jugar soccer.)

Con Mario Pabón, su hijo y otro grupo hicimos Karate Coreano (Taekuondo). Me salían buenas patadas voladoras... pero no era para mí.

ME ESPERABA OTRO TIPO DE CONTIENDA

CONFIDENCIAL Damos 'Fast forward' a cuando Her-Cord, Inc. (Discos Hit Parade), alcanzaba grandes ganancias económicas: todas las empresas de Paquito Cordero estaban creciendo vertiginosamente. Con Bertita Cordero, su hermana, supervisándolo todo (ella era una bendición). Entonces, de la modesta oficina en el First Federal de Santurce, hubo mudanza para "suites" en el Popular Center de Hato Rey. (Her-Cord Inc. ocupó la vieja oficina.)

Con el éxito vino el inevitable crecimiento y con éste llega nuevo personal gerencial y de ventas ("nuevos ejecutivos"). Para mí el ambiente se tornó en uno más "de negocios", que de familia. Y no me sabía igual...

Entiendo que un "nuevo admistrador" (o tal vez era un 'nuevo socio'), ignorante de mi historial con Paquito, analizó, en pesos y centavos, mi rol en la empresa. Al parecer, aquel 'estratega' estimó que yo tenía demasiada injerencia en todo: pues ganaba 50% en los discos y los artistas más exitosos eran míos ...

Por coincidencia, resulta que mi contrato con Empresas Cordero se vencía en esos días. Y... debilitando mi posición, los nuevos acuerdos para yo continuar como "manager" de Lucecita y Julio Ángel aún estaban sin firmarse. Para mi gran sorpresa, ¡ellos se negaron a renovarlos!

El individuo me citó para informarme: "Alfred, tienes una finquita dentro del 'Rancho Cordero' y eso es inaceptable. Ahora tus artistas serán nuestros artistas." ¡Entonces me despidió!

¿Que qué? ¡QUE EL TIPO ME BOTÓ!

No podía evitar un sentido de deja vu: estaba ocurriéndome otra vez lo que pasó en la empresa de Pérez Perry, ahora con otro advenedizo (por no decir trepador) 'nuevo ejecutivo'.
¿Alfred... otra vez?

CONFIDENCIAL Durante el episodio de mi forzada salida de Empresas Cordero, la soga partió por lo mas finito: mi amistad con CHUCHO (tras años de compartir y crecer juntos, como personas y como profesionales)... Me explico: habíamos renovado contrato algún tiempo antes, y después, cuando yo recibo aquel trastazo, él andaba bien envuelto en la relación con Lisette, ajeno a todo.

Para poder emprender acción legal, mi abogado y fraterno, el Lic. Reinaldo Paniagua, tuvo que asirse al único contrato válido que existía: Chucho. No me gustaba la idea, pero su consigna era "Tiempos desesperados nos obligan a medidas desesperadas." Entiendo bien que el galán se sintiera herido por que lo demandé. Y no se si Cordero Inc. le facilitó el dinero para el acordado arreglo fuera de corte –pero pienso que el golpe le dejó huella.

Shhhhhh – Algo más livianito: Existe una equivocada interpretación del movimiento de mano y chasquido de dedos en la coreografía de Al Zeppy cantando 'Juntos' ("Cuando estemos juntos, snap, Juntos, snap, juntos, snap.) Me explico: cuando en el show hacíamos el tema: "Ahora les canta, snap, les canta, snap, la juventud..." el movimiento era similar, pero arriba, cerca de la cara y manteniendo derecha la mano. (Como 'normalmente' se hacen los chasquidos de dedo marcando el ritmo.)

Los 'swingers' Sinatra y Bobby Darin lo hacían 'más cool': frente al pecho, girando hacia abajo el chasquido, snap y hacia afuera. (Esa coreografía en 'Juntos' se malinterpretó, por su parecido con el atrevido gesto popular que representa el coito.) No coitábamos con la vívida imaginación de muchos televidentes.

¡AL FESTIVAL!

(MI AVENTURA ENVIANDO A LUCECITA)

CONFIDENCIAL

Para su enciclopédica e histórica obra, el libro "Nueva Ola Portorricencis" el periodista e historiador Puertorriqueño Javier Santiago entrevistó a Lucecita Benítez.

Al abordarle el tema de su negativa a firmar la extensión del contrato de representación que tenía conmigo –lo que aceleró mi salida de Telemundo– ella respondió: "Sé que Alfred resintió mi partida y... que le dolió mucho... pero, él estuvo en mi carrera cuando tuvo que estar. Después yo ambicionaba ser internacional..."

Pues, con el FESTIVAL... a mi querida Lucy, ¡se le cumplieron sus deseos!

Resulta que yo la impulsé 'tras bastidores'... ¡cuando al fin llegó a ser internacional!

Aquí están las pruebas...

MI CONTRATO INSCRIBIENDO A LUCECITA

CONTRATO

Entre el Sr. Pietro **Bonino**, titular de la firma « INTERARS », Via Vallezze, 91 Milano (Italia), por una parte; y el Sr. **Alfred D. BERGER-Presidente BER-COND INC.-Banco Popular Center-Suite 930-** por la otra parte; **Hato Rey – PUERTO RICO – USA.** se establece lo siguiente:

1) El Sr. Pietro Bonino, en la calidad arriba mencionada, organiza el PRIMER FESTIVAL DE LA CANCION LATINA EN EL MUNDO, que tendrá lugar en Buenos Aires (República Argentina), en los días 3, 4, 5, 6 y 7 de Abril de 1968, en el Teatro Coliseo.

2) Participarán en dicho **Festival** todos los Países Latinos del Mundo (20 de América y 5 de Europa), cada uno con 2 (dos) Cantantes y con 4 (cuatro) Canciones. Los Países Participantes son (en órden alfabético): ARGENTINA - BELGICA - BOLIVIA - BRASIL - CHILE - COLOMBIA - COSTA RICA - ECUADOR - EL SALVADOR - ESPAÑA - FRANCIA - GUATEMALA - HAITI - HONDURAS - ITALIA - MEXICO - NICARAGUA - PANAMA - PARAGUAY - PERU - PORTUGAL - PUERTO RICO - REPUBLICA DOMINICANA - URUGUAY - VENEZUELA.

(NOTA– Cláusulas 3 a 8 han sido omitidas por irrelevantes y/o por falta de espacio)

9) Tomado conocimiento de lo arriba mencionado, el Sr. **Alfred D. BERGER - Presidente : BER-COND INC. - Banco Popular Center - Suite, 930 – Hato Rey – PUERTO RICO – USA,** se compromete a participar en el PRIMER FESTIVAL DE LA CANCION LATINA EN EL MUNDO, con el siguiente Artista:
a) Sr. **"LUCECITA"**
b) Sr. _____
conocido con su nombre de Arte, por el:
a) Sr. X
b) Sr. _____
y, con número X _____ Canciones - Inéditas, cuyo título es:
a) _____
b) _____
c) _____
d) _____

10) El Sr. **Alfred D. BERGER-Presidente-BER-COND INC.-Banco Popular Center-Hato Rey-Puerto Rico** se compromete además hacer llegar a la Organización del Festival, a mas tardar 20 (veinte) días de la fecha del presente contrato, $ 500,00 (quinientos dolares US cy) por CADA ARTISTA y, $ 500,00 (quinientos dolares US cy) por CADA CANCION. Se compromete en fin hacer llegar a la Organización en inicio mencionada, a más tardar a fin del mes de DICIEMBRE de 1967:
a) UNA COPIA DE LA PARTITURA DE DIRECCION DEL ARREGLO DE CADA CANCION, para que la misma pueda ser enviada en tiempo para su revisión a los Directores de orquesta que las dirigirán.
b) UN DISCO – acetato - (de prueba) con las 2 (dos) Canciones grabadas que interpretarán cada Artista.

11) Se firma el presente contrato en 2 (dos) ejemplares en un solo tenor y efecto el día **25 Septiembre, 1967,** y, por cualquier eventualidad o controversia que pudiera surgir entre las dos partes contrayentes, se establece, desde ahora, como único Foro competente, el Tribunal de Milano (Italia). Leído, aprobado y suscrito.

F.do **Alfred D. Berger**   F.do Pietro Bonino

12) Se aprueba específicamente que en caso de controversia entre las dos partes, el único Tribunal competente, será el de Milano (Italia).

F.do **Alfred D. Berger**   F.do Pietro Bonino

CONFIDENCIAL El señor Pietro Bonino, reputado productor y empresario Italiano, me llegó a Puerto Rico desde Santo Domingo referido por mis buenos amigos Dominicanos, el cantautor Aníbal de Peña, y el nuevaolero Milton Peláez –a quienes yo le producía discos. Pietro estaba visitando los países de descendencia latina, para firmar en cada país dos representantes para "El Primer Festival de la Canción Latina en el Mundo", creado por él.

Me hizo una propuesta que acepté con entusiasmo, pues siempre fui fanático de los festivales y sabía que en ellos se hacían famosos los cantantes (como Monna Bell, por ejemplo). Además que el concepto de 'festival de la canción' era un invento italiano.

ME INTERESÓ LA OPORTUNIDAD PARA LUCECITA.

La inscripción de Lucy la firmé como presidente de Her-Cord Inc. (discos HIT PARADE), la empresa que fundamos en sociedad, Paquito Cordero y yo. (La otra posición ya la había tomado Roberto Pajé, de discos Velvet, para Danny Rivera.)

Con el talentoso compositor nuestro, Don Guillermo Venegas Lloveras, exploré el escoger un tema suyo para la competencia. Lo visité en su residencia "Villa Insolecia" y me grabó un tape con sus nuevas canciones –incluyendo "Génesis".

Algunos meses después de que me hacen abandonar Empresas Cordero, le vendo a Paquito mi 50% de la compañía Her-Cord, Inc. (el sello HIT PARADE). En mi oficina quedó la cinta de Guillermo.

Pero el señor Bonino tuvo que cambiar la sede de su festival –de Argentina a Méjico– por lo que se retrasaba un año la fecha del evento.

Según reseñó la revista Billboard en sus ediciones de Sept. 2, 1967 y Nov. 9, 1968: "El Primer Festival de la Canción Latina en el Mundo" que se iba a escenificar en Buenos Aires del 3 al 7 de Abril 1968, se cambió para Marzo 19 al 23, 1969 en Méjico. Auspiciará el evento Televisa, transmitiéndolo en vivo."

PERO SE COMPLICÓ LA COSA PARA LUCECITA...

Bonino estaba visitando todos los países que participarían, pero cuando regresa a Puerto Rico encuentra que 'un ejecutivo' en la oficina de discos HIT PARADE estaba cancelando la participación de Lucy, alegando: "Es un gasto innecesario que no producirá nada" y reclamando, que "Como ya Alfred D. Herger no es parte de la compañía, el contrato resulta inválido".

Pietro me llama alarmado y logro pautar una reunión PRIVADA, de emergencia, con Paquito Cordero. <u>Remedio santo:</u> la reunión resultó muy positiva. (Paquito y yo éramos cómplices de años y siempre tuvimos buena química.) Don Pietro no tuvo ni que abrir la boca.

El dialogo –según lo recuerdo– corrió más o menos así:

"Paco, sobre lo del festival para Lucecita, ya lo chequié con abogados, y dicen que si el contrato fue firmado bajo mi incumbencia, ¡tiene vigencia! Aparte de eso, tu sabes que yo siempre he querido lo mejor para Lucy, y lo mejor es... ¡que la conozca el mundo! Chico, Paquito... ¡dale pa' lante!"

"Bueno, Alfred... Tu las pegas todas siempre ... OK, ¡vamos a ir pa'lante!"

"Gracias Paco. Ahh.. y recuerda que yo dejé en mi escritorio una cinta con canciones de Guillermo Venegas. Escúchalas, que alguna te puede servir."

"Ok, Alfred, así lo haré."

¡LO DEMÁS ES HISTORIA!

PRIMER FESTIVAL DE LA CANCIÓN LATINA EN EL MUNDO – MÉXICO – 1969
Teatro Ferrocarrilero de Ciudad de México, D.F., realizado del 19 al 23 de Marzo, 1969.
50 cantantes representando a 25 países.

CLASIFICACIÓN:

1º lugar: Puerto Rico - GÉNESIS (Guillermo Venegas Lloveras)

Lucecita Benítez

2º lugar: Brasil - CANCIÓN LATINA
(Olmer Stocker "Alemão"/Vitor Martins)
Denise de Kalafe

3º lugar: Venezuela – NO, NO PUEDE SER
(Luis Cruz) José Luis Rodriguez

4º lugar: Portugal - CANCIÓN DE JUVENTUD
(Pedro Jordão) António Calvário

5º lugar: Italia - CHIN CHIN QUECHI QUITIN
[L'Amore siamo noi] [El amor somos los dos] (Tony Renis) Tony Renis

6º lugar: Panamá – EL ÚLTIMO ROMÁNTICO
(Mario Clavell) LeRoy Gittens

7º lugar: República Dominicana – ESTÁ BIEN
(Rafael Solano) Niní Cáffaro

8º lugar: España – DECIR
(Patxi Andión/J. C. Zamboni) Mari Trini

9º lugar: Perú – DOS PARTES DE UNA FLOR
(Ana María Martínez) Regina Alcóver

10º lugar: Haití – MARÍA (D.A.R.) Ansy Derose

PUNTAJES:

1er lugar - 223 puntos: Génesis

2do lugar - 210 puntos: Canción Latina

3er lugar - 205 puntos: No, no puede ser

Medalla de Oro mejor intérprete masculino:
José Luis Rodríguez

**Medalla de Oro mejor intérprete femenina:
Lucecita Benítez**

LA AVENTURA de
ATERRIZAR EN WAPA TV

En la *Central High* llegué a practicar un poquito de pista y campo, pero... *nahh!*. Los saltos los di trabajando en televisión: del canal once en Santurce brinqué a Hollywood... Luego regresé a Radio El Mundo... y entonces me subo a Telemundo, pero allá quedé fuera del juego –antes de que estrenaran estudios en la Roosevelt.

Entonces Max Muñiz me cachó en WAPA TV, con Don Héctor Modesti.

Oye... ¡que más adelante vive gente! ¡Del canal 2 me mudé al canal 4!

CONFIDENCIAL Cuando yo salía de Cordero Productions, Max dejaba de dirigir las ventas en la empresa de su primo Don Tommy Muñiz. Decidimos unirnos, formando "Producciones Max Muñiz – Alfred D. Herger".

En WAPA TV compramos media hora todas las tardes para "El programa Psicodélico: Alfred D. Herger Show" ("¡Dale con Dial!") con la dirección de William Denizard.

SURGE "EL TERCER CLAN"

(DE MI NUEVA OLA)

Al poco tiempo adquirimos hora y media los sábados en la tarde para *"Fin de Semana Musical"*. Y en su debut como director de TV ahí figuraba *el hijo de Doña Monín* (iyo!). Albert Carn era responsable de supervisar la calidad en producción y dirección. Luego compramos media hora los miércoles en la noche para el novel *"Kaleidoscopio"* patrocinado por Coca Cola –y ahí, haciendo su debut como director de programas, Gilo Rivera, *el hijo de Doña Paulina.*

¡Max era tremendo vendedor!

El primer negocio que consiguió fue un intercambio donde obtuvimos dos hermosos Buicks Riviera. El segundo fue la cuenta total de Coca Cola para sus anuncios de televisión. Y por ahí seguimos... Alfred producía, y Max lo vendía.

Celinés, Pepe Luis, yo, Max y unas flores.

Combinábamos "Canta" con lo del "Teenagers": se cantaba, se tocaba... ¡y había baile!

Del canal 2 al 4 saltaron conmigo Tammy, Los Sonsets y Al Zeppy.

En el 4, entraron: Los Nigthwalkers, Oscar, Glorivee, Wilson Ronda, Sonny, Ángel y Mickey, Ruby y Windy, etc... También contratamos a Tito Lara, Lucy DaSilva, Rafael de Alba, y Linda Ayala. Creamos *"La Mini Ola"* con Lily Rosado, Pachito, Ricky y Joe, etc. A todos Max los vendía en la isla para shows en las fiestas patronales.

¡Todas las semanas había trabajo para todos!

CONFIDENCIAL *Max Muñiz no sólo fue mi asociado, fue mi maestro de los negocios. Además de programas de TV, teníamos la agencia de representación de artistas, la revista "Triunfadores" y sello "Discos Triunfo".*

El talento con que contábamos era A-1: Sonny (Rodríguez) cantaba y encantaba. Me colaboraba creando efectos y decorados. (con los años se destacó como pintor, escultor, arquitecto y cantante lírico). René Zayas nos producía y hacia diseños (luego fue del equipo de Menudo) El empresario Quico Rodríguez, nos coordinaba los eventos y el elenco para los programas.

Con los Mayagüezanos "Nigth Walkers", grabábamos pistas para los programas y nos acompañaban a los cantantes en shows y discos. (Oscar Solo nos llegó como vocalista de ellos.) Noel Cruz también vino con el grupo, antes de descollar en el futuro con sus video-reportajes.

Glorivee era nuestra princesa, y la puse de pareja con Oscar Solo (¿suena familiar?). Más adelante ambos hicieron carreras exitosas: Glori creó producciones infantiles cuando se casó con Tony Croatto (ella es la ogullosa mamá de Hermes)...Oscar hizo telenovelas, y representó a la isla en el Festival OTI celebrado en Brazil... Celines y Pepe Luis eran la pareja romántica. Después de casarse coparon listas de éxitos en la época Disco en E.U. (ella como CeliBee con "Superman", y Pepe con su Rice & Beans Orchestra pegando "Blue Danube".)

MUCHOS RECUERDOS GRATOS*

* Ricky y Joe Fábregues, de la colorida "Mini-Ola", se convirtieron en 'Kantares', dúo que pegó internacionalmente.

* Iris Chacón, 'La vedette de América', debutó con nosotros cuando estudiaba escuela superior.
Cantó "Amor en el Aire" y después voló.
(No la vimos más–hasta que CRECIÓ).

* Nuestra empresa productora llegó al ámbito internacional: Eastern Airlines realizamos en Telemundo el especial de hora y media, "Manzanero, su Música y sus Intérpretes". Viajamos a Méjico para contratarlo. Contábamos con la Guillot, Roberto Ledesma, Carmita Jiménez, Gloria Mirabal, Chucho Avellanet, Papo Román, Los Montemar, El Ballet de Otto Bravo, Lito Peña y su Orquesta Panamericana (con 18 músicos) y Celinés. Director: Juan Calderón (el #1 de Méjico) Director General Don Félix Santisteban. Agencia:

Badillo Compton. El show se presentó en New York, Miami y Puerto Rico.

* Otra aventura Mejicana fue *"El 2do Festival de la Canción Latina en el Mundo"* (donde José José estrenó *"El Triste")*. Yo mantenía los derechos. Ese año (1970) fue el final de aquel Festival –despues en su lugar surgió el OTI. Se culpó al jurado, por fallar en contra de José José (ídolo juvenil de entonces) y de Puerto Rico (que sostenía el 1er galardón). Max y yo llevamos a Gloria Mirabal con un tema de Raffy Monclova y a Wilson Ronda, figura de nuestros shows para quien le compuse el tema, *"El Viejo Teatro"*.

WILSON

YACO

*Luego trajimos a Yaco Monti, ídolo Argentino, para el hotel Miramar Charterhouse, y para nuestros programas. Además le publicamos la *fotonovela "Está Dormida"* basada en su exitosa canción. (Más adelante, les he incluído un extracto de ésta.)

CONFIDENCIAL

Gil Rivera, Oscar Vincenty, Kiko Rivera, Pepe Valentín y Félix Ayala, LOS NIGHT WALKERS, de Mayagüez, debutaron conmigo en WAPA TV. Al tiempo, como estrategia de mercadeo, decidí convertírlos en dos atracciones: OSCAR SOLO (que la súper-pegó de solista) y aparte, LOS NIGHT WALKERS, que tuvieron los hits: El Gordo" y "Natacha" (entre otros).

Shhhhhh: en la revista que editábamos Max y yo, "TRIUNFADORES", lanzamos en grande el titular: "OSCAR, SOLO". Pero la imprenta escondió la coma –y así nació el nombre artístico que aún lleva, Oscar Solo. El 'Benjamín' de mi nueva ola continúa haciendo shows, y ADEMÁS, ha dedicado los ultimos 20 años, a la docencia. (Porque también, él es 'Mister' Vincenty).

(CONFIDENCIAL) ALFRED D. HERGER

extra: fotonovela con Yaco Monti

FOTOS GIGANTES — MINI CANCIONERO — CHISMES — PAPAS CALIENTES

ALFRED D. HERGER PRESENTA

TRIUNFADORES!
LA REVISTA PSICODELICA
EDICION EXTRAORDINARIA JULIO – AGOSTO 1968

Año 1 — No. 2 — 35 ctvs.

- RAPHAEL Y SU ORGANIZACION
- SECRETOS REVELADOS DE LUCESITA, LISETTE y CHUCHO
- MONKEES
- TERMINAN LOS MONKEES
- MEDITANDO SIN UN GURU...
- FLOR, "POSTER" PSICODELICO, BOTONES, MEDALLAS, BUMPER STIKER, TARJETAS

RAPHAELISTAS VS CONTRARIATO

Raphael

FOTOS GIGANTES — CHISMES — MINI CANCIONERO

ALFRED D. HERGER PRESENTA

TRIUNFADORES!
LA REVISTA PSICODELICA

Año 1 — No. 3 — 35 Ctvs.

DECLARACIONES INTIMAS DE
RAPHAEL
SUS NUEVAS CANCIONES

NUEVO FILM BEATLES

CONFESIONES DE
CARLOS LICO-
ROCIO DURCAL

PALITO ORTEGA-
PAUL MAURIAT

THE UNION GAP-LOS YAKI

MINICANCIONERO

LECTORES COLABORADORES

CONCLUSION DE "ESTA DORMIDA"
FOTONOVELA DE YACO MONTI
TV CARICATURAS

SONNY

EXTRA; SUPLEMENTO RAPHAELISTICO!

SECRETOS REVELADOS

Está dormida

Yaco Monti Yayi Vega

(Acortada por limitaciones de espacio)
REPARTO:
Lily, Yayi Vega. Jorge Montoya, Sr. Juan José Otero. Sra. Montoya, Frida Ferris. Manager (Rodríguez) Jorge Leone. Empresario (Martín), Alfred D. Herger. Julio, Indio Sonset.

Realizada en el Hotel Miramar.
Libreto y Producción, Alfred D. Herger.
Director, Al Zeppy. Fotografía, Abreu.
Arte y Compaginación, Tito Ferris.

Yaco era un muchacho pobre, pero su habilidad para componer, cantar, y tocar guitarra, lo hacían rico en talento. Era admirado y muy querido por todos los de su clase y por ciertas personas de la alta sociedad, como su mejor amigo, Julio, y su novia "en secreto", Lily. Gracias a Julio, Yaco podía entrar al elegante Club Privado, donde se veía con Lily. Aquel era el único lugar, donde el exigente Sr. Jorge Montoya, padre de Lily, la dejaba ir en confianza. La familia Montoya era una de las más adineradas... La historia comienza con Yaco y Julio en el Club...

El joven cantaba con desgarrador dramatismo.
El público enloquecía de la emoción.
Nadie se explicaba la extraordinaria fuerza
que emanaba de su interior.
YACO NO ESTABA ACTUANDO.

FIN

UNA AVENTURA COMO DE PELÍCULA

¡LUIS MIGUEL NACE EN PUERTO RICO!

CONFIDENCIAL Cronología:

Septiembre 26, 1969: traigo a Puerto Rico a Luisito Rey, con Marcela encinta, para que su hijo nazca ciudadano Americano y Luisito pueda quedarse aquí para poder continuar mi proyecto de conquistarle el mercado de Estados Unidos.

19 de Abril, 1970: Luís Miguel nace en el Hospital San Jorge de San Juan.

Julio 1970: Sus padres lo inscriben.

Agosto 1970: Sus padres reciben el pasaporte del niño como Ciudadano Americano.

Septiembre 1970: El padre se escapa a Méjico con Marcela y el bebé..

(Sin despedirse... adiós a mis $$$)

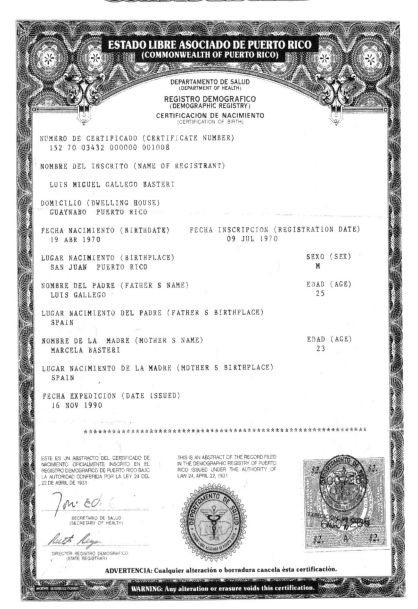

CERTIFICADO DE NACIMIENTO

Lo mejor de mi proyecto con Luisito Rey: su primogénito, Luis Miguel, nació en Puerto Rico, bajo mi tutela.

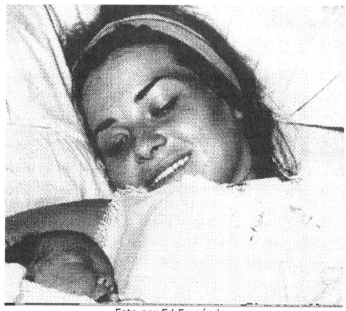

Foto por Ed Fernández

Lo trajo el mundo el Dr. Charles F. LLenza, primo hermano de mi papá. (El médico que también recibió a mis cuatro hijos: Grace Marie, Alfredo, Benny y Sonny.)

"Finalizando la década de los 60, Alfred D. Herger encuentra en su camino al Español LUISITO REY quien le cautiva la atención con sus múltiples dotes artísticas: cantante, guitarrista, compositor y "showman". Para poder dedicarse a manejarlo –con miras a lanzarlo en los Estados Unidos– Alfred le vende su parte del negocio a Max Muñiz y monta nueva empresa, donde contrata agentes de prensa Neoyorkinos para el debut del artista en el elegante hotel ST. REGIS SHERATON en la gran ciudad. El resonado éxito lo reseñan el NEW YORK TIMES y la revista BILLBOARD, pero no se llega a concretar la actuación en "ED SULLIVAN SHOW" por "diferencias artísticas" con el propio Luisito Rey, quien a la vez rechaza de plano una oferta negociada por Herger para realizar conciertos en universidades a través los E. U. Continúan las diferencias y una vez la esposa de Luisito Rey da a luz en Puerto Rico a su hijo Luis Miguel (el hoy famoso astro internacional), sus relaciones con el artista terminan agriamente."
Javier Santiago
(Fundación Nacional para la Cultura Popular)

CONFIDENCIAL Cuando el cantautor Español Luisito Rey me pidió que lo representara, mi socio, Max Muñiz se negó trabajar con él, pues no le tenía confianza. ("¡No lo toco ni con una vara de 10 pies!") Pero yo, de cabeciduro, le vendí mi parte de nuestra sociedad a Max, que inmediatamente reestructuró la empresa y continuó los shows. Para mí resultó muy cierta la predicción de Max: Luisito Rey no era confiable.

Sin duda era un artista privilegiado, pero...como persona, **¡era un gran sinvergüenza!**

Años después del 'acto' de nigth club que le monté a Chucho para el Tropicoro, le diseñé algo similar a Luisito Rey, para su debut en el St. Regis Sheraton de NY, ¡Y pegó fuerte con los americanos! Los puntos clave en el acto de Rey eran "Granada", "The Impossible Dream", el solo de guitarra clásica y el 'mix' de "If I Were a Richman" con "Can't Buy Me Love". (Broadway y Beatles.) El NY Times lo reconoció...

Drama Fills Performance By Luisito Rey, Guitarist

By JOHN S. WILSON

"My boy," said Pablo Picasso to Luisito Rey when he sought out the then 19-year-old singer and guitarist backstage after hearing him at the Olympia Theater in Paris, "you are like a chill that can be heard."

With this, he presented the startled young performer with a sketch drawn while he was singing "El Loco," one of Mr. Rey's own songs. In the five years since this brief encounter (the two never met before or since), the "chill," with its accompanying goose bumps, that Picasso heard has affected listeners throughout Latin America, where Luisito Rey has become a favorite of concert, nightclub and television audiences and of record buyers.

Breaking New Ground

Now he is breaking new ground at La Maisonette of the St. Regis-Sheraton, where he is making his first appearance before a predominantly English-speaking audience through tomorrow night. He is still singing, in Spanish, the song that moved Picasso, "El Loco"—"The Crazy Man" ("People say I'm crazy, but that's because you took the key to my senses away")—holding his guitar upright in his lap, his left ear almost resting on the strings, his long-boned mime's hands accenting the song with the expressive gestures that Picasso caught in his sketch.

Mr. Rey is a slim, slight man. His pale, sensitive, sharp-featured face, framed by black hair that flows across the forehead and sweeps down the back of his neck, is lit by the penetrating intensity of his eyes. Dressed in a red velvet jacket with a ruffled white shirt, tight red velvet bell-bottomed trousers and high red velvet shoes, he might have stepped out of a painting by Goya.

Dramatic Bach

He began his musical career as a guitarist—a 7-year-old prodigy in his native Andalucia—and his virtuosity on the guitar is one of the most striking aspects of his performance at La Maisonette. He plays a transcription of Bach's Toccata and Fugue in B minor that is a remarkable mixture of skillful musicianship and dramatic visual projection as he follows the movement of the strings with an expression of sensuous fascination. When he sings, his guitar is a vital part of the excitement that he can generate.

That excitement comes through most vividly in two of his own compositions, "El Loco" and "El Circo," when the hands, the eyes and the voice all combine with moving, dramatic effect. This is the kind of performance, one gathers, that has won him his reputation in Spanish-speaking countries, where his programs are normally made up of his own songs.

For his non-Spanish-speaking audiences here, Mr. Rey, who is just beginning to learn English, has attempted to bridge the language gap by singing several songs in English—"The Man of La Mancha," "If I Were a Rich Man," "Can't Buy Me Love"—as well as a familiar song in Spanish, "Granada," which according to his manager, is heard so frequently in Latin countries that Mr. Rey usually avoids it. His uncertainty with English and his relative lack of familiarity with the English songs provides a poor representation of the scope and depth of his talent.

"Granada," however, he turns into a tour de force that encompasses a variety of Latin musical styles.

The language gap is bridged most successfully and most consistently by his brilliant guitar work and by the mime-like expressiveness with which he projects his own songs. With English lyrics, these songs might fully convey to New Yorkers the "chill" Pablo Picasso heard in Paris. It is temptingly evident whenever Mr. Rey is on his own proper musical ground.

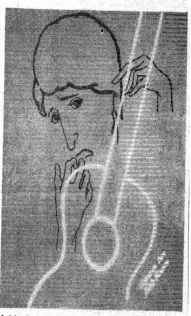

Luisito Rey uses a copy of Picasso's sketch, as indicated by lettering at the right, and an added guitar, on poster.

(CONFIDENCIAL) ALFRED D. HERGER

Rey Draws Raves In American Debut

By JOAN CROSBY
NEA Entertainment Editor

NEW YORK—(NEA)—Put the name Luisito Rey in the file cabinet of your mind with the following notation: He has everything it takes to become a big star.

Luisito, a 23-year-old from Cadiz, Spain, has just concluded his American debut engagement at the St. Regis Maisonette. He came in a total unknown, so much so that his press agent didn't know whether he was a "Spanish Tom Jones" or a classical guitarist.

He is certainly not a Tom Jones. He is a handsome, long-haired, modern young man who sings with a beat. He does play a superb classical guitar and one number, a transcription of a difficult Bach Toccata and Fugue, had the audience so rapt that even the waiters stood silently and attentively.

During his New York engagement, Luisito sang a few songs for American

Luisito Rey
Spanish Tom Jones?

CONFIDENCIAL Para la gira por universidades y el Show de Ed Sullivan, la agencia de artistas con quien yo estaba negociando quería modificar la imagen del artista –que vistiera "typically Spanish": camisa de mangas abonbachadas y tal vez una 'bandana'. Además, querían enfatizar sus virtudes como guitarrista (En aquella época se cotizaban mucho los intérpretes de la guitarra española, como eran los Indios Tabajaras, y comenzaba a encumbrarse nuestro querido José Feliciano, cantando y tocando la guitarra. La imagen del flamenco con guitarra despues fue un éxito: ¡comercializada por Gypsy Kings!)

Luisito tajantemente rechazó la oferta, alegando que él no era "ningún payaso". ¡Hasta ahí llegó mi "sueño americano!" para con este artista. Mi esfuerzo y mi inversión,
¡TOTALMENTE PERDIDOS!
Impulsivo y errático, no escuchaba razones.

LA EXTRAÑA AVENTURA DE LAS BAHAMAS

CONFIDENCIAL *Como en el hotel St. Regis Sheraton se congregaban los ricos de la gran ciudad, nos sobraban invitaciones. Una de éstas era para pasear unos días por Las Bahamas en un gran velero. Intentando aminorar mi frustración, Luisito me convenció para que aceptáramos. La experiencia fue agradable... y por algo... 'extrañamente reveladora', pues de pronto se le ocurrió a "mi artista" arriesgar su vida para bajar con figa a capturar langostas, actividad que nunca antes había intentado. ¿Y ahora él tenía super-poderes?*

El mar estaba bastante picado... el "dingy", era bastante pequeño... el manager estaba muy asustado... el intrépido protagonista,
¡MUY ACELERADO!
¡Pero esa noche comimos langosta!
(Y yo pensaba: "Este tipo... ¿estará loco?")

Corriendo paralelo y al margen de los eventos descritos, sobrevolaba amenazante la tenebrosa presencia de un 'peligroso' hermano de Luisito:

Pepe Gallego. Supuestamente 'mi artista' lo había despedido como "manager", para quedar conmigo, pero ahora, analizándolo bien, no fue así del todo. Cuando en un momento el Pepe intentó sonsacarle a Lucecita a Paquito Cordero, se le cerraron las puerta aquí y tuvo que marchar a Méjico donde tenía dizque "grandes conecciones". (Pero, ¿estaría preparándole un "plan B" a Luisito –por si no se acomodaba a mi proyecto? ¿Sería por eso que Luisito se me escapó, siguiéndolo hasta Méjico?)

A raíz del auge de la serie "Luis Miguel" en TV, el prestigioso periódico MUNDO, de España, publicó un curioso reportaje. Les citamos algunos párrafos de éste:

* *"Luisito Rey, Luís Gallego Sánchez (1947-1992), pillo de barrio convertido en hombre dispuesto a las inmoralidades más extravagantes, es el increíble villano de 'Luís Miguel - la serie', así como el malo de 'Luís Miguel, la vida'."*

* *"Un gran problema suyo... ERA LA IRA. En Nueva York estaba ante la oportunidad de su vida, pero montó en cólera porque productores de televisión quisieron vestirle con una versión del flamenco un poco ridícula. La escena fue tan desagradable que ahí Nueva York acabó para él."*

* *"Luisito Rey, cocainómano, alcohólico, con delirios de grandeza, proxeneta, evasor de impuestos, narcisista, estafador, tiránico, maltratador, manipulador y, al final, probablemente asesino..."*

La trágica historia de esta controversial familia fue investigada extensamente y documentada, por mi amigo, el periodista Español Javier León Herrera, autor del libro *"LuisMi Rey"*, en que basaron la serie. Javier ha reeditado y ampliado dicho texto para Aguilar, México "LUIS MIGUEL".

En cuanto A MÍ respecta, eternamente le doy las **Gracias a Dios**, porque aquel malhechor encubierto, se alejó de mi vida y de los míos. No importa el dinero que me amainó, ¡sobreviví!

Me apena sobremanera el daño emocional y físico que le causó a **TODA** su familia. Espero que Luís Miguel algún día pueda liberarse de sus cadenas... y ser feliz.

Para él, la bendición de Dios por siempre.

CONFIDENCIAL

Eclesiásticamente yo no figuro como el padrino de Luís Miguel, pero la gran verdad es que coordiné y apadriné su nacimiento aquí en Puerto Rico. Desde la estrategia de traer a los padres (con Marcela encinta), después traer al tío y la abuela, instalarlos en una buena casa y proveerles sustento, gastos médicos y de hospital ...
pues, también resulta que...
¡financié su nacimiento!

Todos en mi familia quisimos mucho a Marcela y a su niño. (Y ella ADORABA a mi hijo, Kakiko)

CONFIDENCIAL Una década después de estos desconcertantes eventos estudié psicología –no necesariamente para superar el trauma que aquello me causó, aclaro. Pero si me preguntaran: "Doctor, ¿cuál diagnóstico haría usted hoy, sobre Luisito Rey? Les contestaría:

"En Luisito Rey se presentaba una doble condición: psicópata y adicto; poseía extremos rasgos de narcisismo y egocentrismo. Incapaz de sentir empatía o amor, exhibía claramente un comportamiento amoral y antisocial. Era un individuo muy propenso a infligir daño, sin medir las consecuencias."

COMO RESULTA MEJOR REÍR QUE LLORAR, CIERRO ESTO CON ALGO DE 'HUMOR NEGRO':

Queriendo comprender cómo y por qué aquel extraordinario artista, que de mi mano pudo haber conquistado los Estados Unidos, decidió cerrar esa puerta, y optó por regresar con sus hermanos a las maquinaciones al margen de la ley, he llegado a la siguiente conclusión:

"Luisito Rey me embaucó y no siguió conmigo porque yo era un buen 'Boy Scout' y no podía darle la vida que él codiciaba –mucho más que la fama y los aplausos.

Metafóricamente hablando:
yo le ofrecía Pepsi...

Cuando él, ¡SÓLO QUERÍA COCA!"

#HISTORIA, ENIGMAS Y SECRETOS

UN REPASO A:
LA REVOLUCIÓN DEL ROCK EN ESPAÑOL EN DIFERENTES PAÍSES

(Antes que nosotros)

ARGENTINA:

Luis Aguilé   Los 5 Latinos   Billy Cafaro

Los TNT

Luis Aguilé, 1er astro juvenil internacional de habla hispana, llegó a Cuba y se consagró. Vino a PR traído por Pumarejo (y lo entrevisté). Los 5 Latinos y su cantante Estela Raval exportaron versiones de éxitos gringos y Europeos a toda América y España. Vinieron al Hilton, y los entrevisté. Billy Cafaro, un beatnik de fuerte voz, rockeó la Argentina. Los TNT (Tim, Nelly y Tony Croatto), vendieron muuuuchos discos para RCA y viajaron toda América. Nelly y Tony llegaron a Puerto Rico como dúo –y aquí se quedaron.

Estos artistas fueron emulados en muchos países, encendiendo la chispa 'nuevaolera'.

Leo   Violeta   Palito

Durante los '60 Leo Dan y Palito Ortega se disputaban el trono de *"Rey de La Nueva Ola Argentina"*. Violeta Rivas era La Reina. En la corte figuraban: Jolly Land, Rocky Pontony, Baby Bell, Lalo Fransen, Johnny Tedesco, Juan Ramón y Chico Novarro, entre otros...

ESPAÑA

El Dúo Dinámico   Karina   Miguel Ríos

El Dúo Dinámico formado por Manuel de la Calva y Ramón Arcusa en el 1958, versionó hits de USA (y además compusieron exitazos). Entre otros, Karina, Miguel Ríos, Manolo Díaz y Juan Pardo tuvieron éxito. Los Brincos, Los Ángeles, Bruno Lomas, Los Sirex, Pop-Tops, Los Mustang, y otros, pegaron hits mundiales en español. Los Bravos grabaron "Black is Black" en inglés ¡y le dieron la vuelta al mundo!

CUBA

Los Llopis, hermanos que fueron a estudiar a EU, ¡aprendieron "rock and roll"! Exportaron su música de Cuba a Méjico y allá inspiraron la revolución del rock en español. La Lupe comenzó grabando éxitos de Paul Anka en Español. Lo mismo hizo Luis Bravo, ídolo de las pepillas cubanas durante los años '50. (Luis después llegó a Miami y a Puerto Rico, donde lo presenté en *Canta la Juventud"* y le hice un Lp.) ¡Y el grupo Los Zafiros hizo un "doo wop" cubanizado!

Los Llopis   La Lupe   Luis Bravo

En **Perú**, **Chile** y **Brasil**, florecieron fuertes movimientos 'rockeros' con Buddy Richard, José Alfredo Fuentes, *Os Increíveis* y...¡Roberto Carlos!

En **Venezuela**, Los Zeppy fueron estrellas de Radio Caracas Televisión, hacen una película y en 1961 ganan El Guiacaipuro de Oro, el Mara de Oro, Aguja de Oro y el Disco de Oro. Ellos eran: Al, (Zeppy), José Luís (el futuro "Puma"), Estelita (del Llano), Agustín y Nico.

MÉJICO

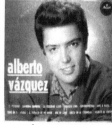

Enrique Guzmán, César Costa, Manolo Muñoz, Alberto Vásquez y ¡Angélica María!

Los Aztecas tuvieron una gigantesca explosión del rock, versionando prácticamente TODOS los pioneros norteamericanos del género: Bill Haley, Elvis Presley, Little Richard, etc. etc. Estaban liderados por Los Llopis, Teen Tops (cantando Enrique Guzmán), Camisas Negras (cantando César Costa), Gibson Boys (cantando Manolo Muñoz) Hooligans, Rebeldes del Rock, Locos del Ritmo, Crazy Boys y muuuuuuuchos grupos más. Luego, figuras como Alberto Vásquez, Angélica María y Fabricio entran en la fase de los ídolos juveniles solistas (igual que sucedió en EU). En Méjico primero versionaron mucho a Paul Anka, pero luego grabaron todo, **de todo el mundo**.

PREVIOS CONTACTOS CON LA OLA MEJICANA

A Enrique Guzmán ya lo conocía de su visita a la isla. En Méjico me lo encuentro ensayando y con mucha ilusión me demostró un micrófono alemán que le modificaba la voz a su antojo. ¡Estaba feliz con el juguetito nuevo! Mi papá y yo lo vimos esa noche en el Teatro Blanquita. Cantó "Payasito" (el 'Poincinello' de Teddy Randazzo). Vestía de 'frac'. ¡Excelente!

Con Manolo Muñoz me tropecé cuando fui a Hollywood. Estaba presentándose en el "Million Dollar Theater" (el equivalente al Teatro Puerto Rico de NY). Era Domingo, y entre un show y otro compartimos ideas, sueños y algo de comer. Tremendo tipo. Humilde... y muy sabio.

Como yo era el miembro más joven de la Asociación Latinoamericana de Productores de Discos, asistía a las convenciones en Ciudad Méjico junto a mi papá. Allí conocí importantes 'disqueros', como: el Lic. Baptista, presidente de Discos Musart y su genial director artístico, Memo Acosta, el productor de Alberto Vásquez, Manolo Muñoz y... ¡Angélica María!

CONFIDENCIAL *En Méjico hubo un reconocimiento a Angélica María por ventas sobresalientes, y me pidieron que fuera el presentador de la actividad. Cumplí bien con el protocolo, pero fuera de cámara enmudecí al estar a su lado. ¡Sólo podía sonreír! (Creo que yo estaba 'enamorao a lo divino' de Angélica). Me quedé bobo que se acabó.*

JOSE FELICIANO POR PARTIDA DOBLE*

(Shhhh: Yo facilité el debut aquí de "José Feliciano".)

*Mi primer José Feliciano fue "Cheo", a quien traje con el sexteto de Joe Cuba. (Él nunca se había presentado en la isla.)

*Mi segundo José Feliciano, fué el "Cieguito de Lares" (como a veces le decían), cuando ya estaba crecidito (y cantaba en inglés).

Yo siempre chequeaba mi Billboard, y había leído sobre el lanzamiento de José Feliciano por RCA Victor. Me enteré que estaría presentándose en el Caribar del Caribe Hilton. Allá fui, lo conocí, y lo invité a que debutara ante las cámaras de su país natal. Aceptó gustoso y lo presenté por TELEMUNDO en "Canta la Juventud".

Llegó al estudio con su guitarra y su perro guía. ¡Éxito total!

LA SEMANA SIGUIENTE FELICIANO ESTABA EN "LUIS VIGOREAUX PRESENTA" POR WAPA TV

CONFIDENCIAL GRAN ENIGMA

Lucecita Benítez tuvo un asomo a la fama antes del festival, del "Clan", de Alfred, de "La Nueva Ola", de Chucho, etc. Ella nunca me habló de eso. Me enteré años después.

<u>Aquí va:</u> *De alguna manera, siendo jovencita, alguien la contrató para cantar en los teatros hispanos de N.Y. con muy importantes artistas:*

La Serie... Celia... Lucecita... y ¡Lucho Gatica!

Entiendo que hasta este momento, en Puerto Rico pocos conocían este dato.

DE LUCECITA CONFIDENCIAL

<u>*Ahora... lo más grande:*</u> *Discos Gema, de Don Guillermo Álvarez Guedes le grabó y editó un disco sencillo, donde Armando Manzanero, que estaba en esos momentos de pianista de Daniel Riolobos, ¡le produjo la sesión y la acompañó!*

¡TREMENDO!

Los dos títulos, se los debo, perdón. Una vez tuve la copia del disco en mis manos, pero... ¡ahora no sé ni por donde anda!

Me quedaron estos enigmas: ¿Qué pasó con aquella producción? ¿Porqué no se promovió?

A lo mejor la sacaron en un sólo mercado (¿Nueva York?) para probar, no funcionó –y ahí quedó. (Eso pasa a menudo.)

Pero, después de que Lucecita alcanzara el *superestrellato* conmigo, por qué no aprovechó Álvarez Guedes y re-editó el disco? ¿Sería por lealtad a mí? Es muy posible... Guillermo me apadrinó en muchas de mis cosas. Es un enigma.

¿Qué pasaría con aquel disco de Lucy?

CONFIDENCIAL

SECRETO MUNDIAL REVELADO

Durante los años 60, en los Ángeles existía un grupo de músicos 'de estudio' conocidos como "The Wrecking Crew".
Existen libros y documentales en video:

Ellos tocaban en las principales sesiones de los más destacados cantantes (de Sinatra pa' abajo) ¡Y MUCHOS GRUPOS ROCKEROS! Los productores preferían que los integrantes de los grupos sólo participaran cantando, pues la ejecución del 'crew' aseguraba un sonido ULTRA COMERCIAL. Además que con sus expertas ideas ¡ellos contribuían a mejorar los arreglos!

El "*Wrecking Crew*" tocó el acompañamiento musical en los éxitos de algunos grupos, como:

The Beach Boys ("Surfin USA", "I Get Around", "Help me Rhonda" , "Good Vibrations"), etc.
The Byrds ("Mr. Tambourine Man"),
Gary Lewis & Playboys ("This Diamond Ring"),
The Grass Roots ("Midnigth Confessions"),
The Association ("Never My Love"),

<u>The Partridge Family</u> ("I Think I Love You"),
<u>Gary Pucket & The Union Gap</u> ("Woman Woman", "Young Girl"), etc.

<u>Y los del 'crew' acompañaron cantantes, como:</u>
Frank Sinatra ("Strangers in The Night"),
Nancy Sinatra ("These Boots..."),
Barbara Streisand ("The Way We Were"),
Richard Harris ("MacArthur Park"),
Capt. & Tenille ("Love Will Keep Us Together"),
The Righteous Brothers, Johnny Rivers, The Cristals, Jan and Dean, The Mamas and The Papas, Sonny and Cher, Cher, Paul Simon, Simon & Garfunkel, Carpenters, Ronettes, 5th Dimension, Neil Diamond, Tommy Roe, Monkees, etc.

El centro de la vorágine era el baterista Hal Blaine. El guitarrista principal del 'crew' era Glen Campbell. (Y cuando él cantó, lo acompañaron.)

CONFIDENCIAL En NY también había 'wrecking crews'. Con uno de estos grabé las 'pistas' para las primeras producciones con Chucho, Charlie, Diana, Lucecita, Zeppy y Julio Ángel. ¡Sonaban como discos americanos! El baterista era David 'Panama' Francis, a quien conocí por ABC Paramount Records (el tocó en los hits de Paul Anka que produjo Don Costa).

Con las pistas, para evadir los agentes del implacable Abraham Peña, el tiránico dirigente de los músicos, teníamos que grabar <u>*en noches y fines de semana*</u> *(porque ya que me tenía en su temida 'lista negra'). Pero nosotros siempre grabábamos...* **¡y la nueva ola triunfó!**

POPURRÍ...

(De cosas que antes no mencioné.)

MI NENA beba y mi nena GRANDE

Cuando nació mi hija Grace Marie, yo le pegué en la cuna del hospital un cartoncito que corté de la carátula de un Lp. Decía:
"Una Producción de Alfred D. Herger".

La bebé salió del hospital en brazos de otra 'producción' mía, Lucecita Benitez.

Pero entre mis producciones había otra nena... Esa era Tamara Escribano, Arecibeña como yo. Todos la conocían por Tammy, el apodo que le puse (como los títulos de las famosas películas).

Una niña precoz, inteligente, rockera con estilo y voz muy originales y comerciales. La cantante que menos trabajo daba a la hora de producirla.

En el estudio ella hacia cosas inesperadas, que sobrepasaban mis ideas y expectativas...

Su pegada fue instantánea. Utilicé a Julio Ángel para lanzarla como su *partner* en el espacio de televisión "2 a Go Go", en Telemundo.
Era la *'chica ye ye'* y el público la adoptó (al igual que yo). Y cuando 'me mudé' del canal 2 al 4, Tammy se mudó conmigo.

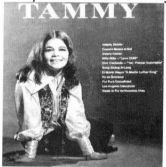

Allá le hice un tremendo Lp a tono con su desarrollo. (Su voz estaba madurando hermosamente.) Entre éxitos internacionales incluímos temas míos, como "Los Ángeles Descalzos".

Hoy en día Tamara Escribano es maestra, y además canta ópera y zarzuela con su bellísima y potente voz de soprano.
(Para mí sigue siendo Tammy, mi nena grande.)

CONFIDENCIAL MI MEMORIA DE TITO

La primera imagen que tengo grabada en mi memoria de Don Tito Rodríguez, es tocando con los palos del timbal lo que me parecían unos bongós *king size*. Fué en un baile del Escambrón, al cual asistí para reseñarlo en "Tu Hit Parade", mi columna de El Mundo.

Pero para mi sorpresa, nadie bailaba. Arremolinados frente a la tarima miraban extasiados al Maestro Tito tocando percusión, cantando y dirigiendo su gran orquesta.

Con los años nos hicimos buenos amigos. Cuando se vino a vivir acá junto a su amada Tobi (Takeko Kunimatsu), Cindy y Tito Jr. nos encontrábamos a cada rato. (Siempre admiré su elegancia al vestir: todo en perfecta combinación –medias, zapatos, camisa, corbata, etc. etc.)

Su trato conmigo, con Chucho y con Julio Ángel era como de un 'hermano mayor'. Además aprecié mucho su extraordinaria labor en la televisión, produciendo y animando "El Show de Tito Rodriguez" con grandes estrellas como Sammy Davis y Tony Bennett.

¡Te tengo muchas imágenes grabadas, Tito!

SECRETOS REVELADOS

CONFIDENCIAL — DOS INOLVIDABLES

En "Somos", su autobiografía, Don Mario Clavell, laureado compositor Argentino, incluyó mi columna –donde reseñé su espectacular presentación en PR.
☑ Como tema para mi show por WAPA TV yo doblaba su disco "¿Cómo Empezar el Show?".
☑ Cuando yo iba a la Argentina, ¡él me invitaba a comer Pizza 'gourmet'!

Don Felipe Rodríguez me abordó un día en WAPA Radio... Como yo escribía la columna del 'hit parade', él vino a ¡darme 'el regaño de novato'!
Me dijo:"Tu pusiste al disco 'Vente Conmigo' como gran vendedor, pero en Martínez Vela, ese disco parió. O sea, que les quedan más copias que las que les trajeron." Dio la vuelta y se fue, muy, muy complacido consigo mismo.

☑ Más de una decada después, en Radio El Mundo, me vio luchando con el lazo de mi corbata, se acercó y me enseñó el truco que todavía utilizo.
¡Gracias Don Felipe!

CONFIDENCIAL Al correr el tiempo, Rafael Viera y los señores Tarrab y Diercie (los que me consiguieron a Yaco Monti), abandonarían el negocio de las neveras para convertirse en los representantes de FANIA y todo su elenco.

La efectividad de Rafael Viera como promotor convirtió a la empresa de Johnny Pacheco y el abogado Jerry Masucci en el monstruo que creó toda una época en la historia de la música latina.

Por suerte, estuve ahí "desde el saque". (Ya nos conocíamos Pacheco y yo desde que él súper pegó la pachanga con su charanga, pues ponía sus discos todo el tiempo en 'Teenagers Matinee'.) Años después de su primer 'cuarto de hora' nos re-encontramos en NY durante las grabaciones de Chucho con Leroy Holmes para United Artists, donde Pacheco dirigía la sección de percusión latina para la gran orquesta de violines de Leroy. ¡Que buenos tiempos aquellos!

<u>UNA ÑAPA:</u> "PELUQUÍN AL AIRE" Mi socio Max Muñiz y yo cruzábamos la Ponce León frente a nuestra oficina cuando una ventolera me levantó como cresta de gallo la peluca que entonces yo usaba. Max abrió los ojos... y yo, como mejor pude me las arreglé, ¡para que no se me fuera volando el bisoñé! Él me repetía "no te preocupes, Alfred, que eso es pescao a la minuta".

Años después descubrí que el término se deriva del Latín, "Pecata Minuta", que quiere decir "es un pequeño pecado". (Los que a veces uno comete).

MI 'ONE MAN SHOW'
Siempre recordaré la noche en el cine-teatro Alcázar, en Caguas...

LA EXHIBICIÓN DE MÁS LARGA DURACIÓN
Cuando La Fundación Nacional para La Cultura Popular celebró mis primeros 50 años... ¡DE SHOW!

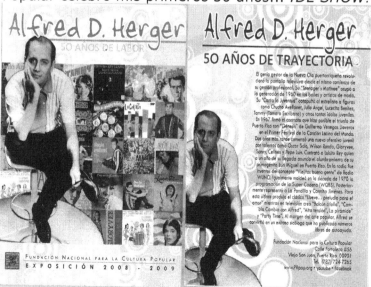

Mi eterno agradecimiento, Javier.

HASTA EL 1970,

MIS PRODUCCIONES PRINCIPALES...

TEENAGERS MATINEE

Hace aproximadamente un año y medio salió al aire un original programa por el Canal 11, donde no había lujosos sets, ni libretos, ni artistas profesionales, solamente muchachos bailando. Pero con el pasar de los meses, este programa "Teenagers Matinee", fue adquiriendo popularidad, convirtiéndose en uno de los shows más vistos en horas de la tarde en nuestra Te-Ve.

El "Teenagers Matinee" ha venido a ser la escuela de los bailes modernos, el programa que impone la moda entre los adolescentes, saludos y refranes. Cuando se inició el programa, los bailes de moda eran el twist y la pachanga. Desde entonces para acá han pasado el Cha Cha Lipso, el Be-op, el Stomping, el Bimbi, el Pony, el Mashed Potato, y ahora el Bosa Nova.

Alfred D. Herger y Neil Sedaka

CONFIDENCIAL
*DON LUIS VIGREAUX, PADRE
SIEMPRE PATROCINABA MIS IDEAS*

Cuando traje a Luisito Rey me lo aplaudió, pues era un gran admirador del cantautor. Tanto así, que me le hizo un especial en "Luis Vigoreaux Presenta." (Programa que aún conservo, pero que no he podido 'rescatar' digitalizándolo.)

Al enterarse de la trastada que me había hecho el individuo, dejándome prácticamente arruinado, Vigo me llama y muy cachondo me dice: "Alfredito, a Radio Uno la compró una cadena de E.U. y no saben que hacer con la programación. Les dije que eres el único que puede ayudarlos. Digo, si te interesa ser ejecutivo de radio..."

Queridos lectores, ahí comenzará la SEGUNDA PARTE de ALFRED D. HERGER CONFIDENCIAL (con mis AVENTURAS –hasta el presente).

De aquí, en la PRIMERA PARTE...

Pasaremos al libro 'SEGUNDA PARTE' de
¡SECRETOS REVELADOS!

Pronto tendrán ese libro en sus manos.

#REDONDEANDO

FOTOGALERÍA
(y algo más)

Mis ídolos en la Central High:

Vicentico   Cortijo e Ismael

Paul Anka antes y después:

Éxitos del "Teenager's Matinee":

SECRETOS REVELADOS

Un nerdo con sus discos... y mamitiando.
(¿Carmen o Sylvia?)

Antes y después de ser...

ALFRED D. HERGER

mr. teenager

Con **NEIL SEDAKA** en mi programa... y en mi "Blind Date" con **CONNIE FRANCIS.** (Hazle un 'Google'.)

¿Los conoces?

A) Johnny Burnette, Dee Dee Sharp, Luis Bravo.
B) Anka niño, su hermanito y la hermana mayor.
c) Lucho y Mapita; Mapy y Fernando Cortés.

Joe Quijano y Johnny Pacheco, mis panas desde "Teenager's Matinee".

Los Zeppy de Venezuela (En You Tube)

Tito Lara, y de la Central, Hugo Medina –que en TV hacía "La Piña de los Teenagers" con Don Tommy.)

Chubby, su esposa y dos colaos

Marianito Artau con Papo Román

Teddy Trinidad   Pepito Maldonado

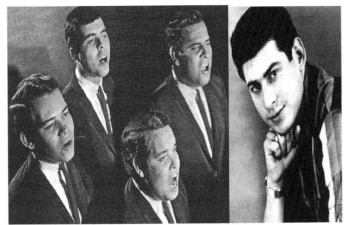

Comencé "Canta la Juventud" en Radio El Mundo, con Los Montemar y Chucho.

Se estrena "Canta la Juventud" en TV
(Última fila, 2do dere. a izq. es Oscar Solo, de niño.)

Nuestro director:
Don Mario Pabón

Maestro y amigo

. Boda de Bárbara y Alfred

ESTRELLAS DE "LA MINI OLA"

LILLY PACHITO

Nydia Caro
Presenté su debut en nuestra TV enseñando los pasos del Boogaloo

"La Lloroncita", Quetcy Alma Martinez, nació en Arroyo en 1956 y residía en NY. Me la llevaban al programa cuando venía a la isla a cantar. Gustaba muchísimo, por su voz, su ingenuidad... y porque lloraba a lágrima viva cuando cantaba. (Está en You Tube.)

Tito Allen (Rockero) **Ángel** **Jose Luis**

Julio Ángel – Etapas

RECUERDOS...

Don Sonny con Lenny Welch y Don Sicinio Fuentes, dueño de "El Último Hit".

El Ingeniero Don Jesús Soto
y un compañero de la Telecadena Pérez Perry

Clase 1961.

SECRETOS REVELADOS

Mis tempranas influencias:

Lieschen Herger de Cuétara.
Siempre motivándome
—me enseñó a bailar...
¡y me prestaba su carro!
(Me presentó con Mr. Pérez).

(Mi 'Wonder Woman' -Titi Líchin)

Mariano Artau   *Gilbert Mamery*

En animación... y música.

Joe Valle y César Concepción

Chicas y Chicos 'GOOSLUKINS'

Gladys Nuñez, Glorivee, Lucecita

Zeppy, Papo, Oscar.

SECRETOS REVELADOS

CONFIDENCIAL Ya les conté de mi coco con Angélica... Pues le dije a Paquito que con Lucesita y Chucho podíamos formar una pareja como la de Méjico con Enrique Guzmán y Angélica María. A Paco le gustó la idea...

¡Y funcionó! (Ooops)

Anyway... aquella se casó con otro cantante, pues.

¡Y llegaron Los Beatles! ¡Los trajo Sid Bernstein!

Brian Hyland con mis pioneros Teen Twisters

Algunos rockeros boricuas de los '60:

Los Diamantes

Bandolero

¿Dónde estará Nogueras?

Carli Muñoz y...

THE LIVING END

Tu Hit Parade

Por Alfred D. Herger

Comparto:

LOS DIEZ MANDAMIENTOS DE LA JUVENTUD

1- Elige bien a tu amistades. Tú eres lo que ellos son.
2- No imites a nadie. Tú eres tú, deja que te imiten a ti.
3- Nunca juegues al amor... puedes perder... ¡y mucho!
4- Desde el primer momento aleja de tu mente todo mal pensamiento. ¡Desde el primer momento!
5- Antes de usarlos, piensa en el daño que le hacen a tu cuerpo la bebida, el cigarrillo y las drogas.
6- Maneja responsablemente: evita distracciones, ten consideración y controla la velocidad.
7- No le faltes nunca a tus padres. Si no fuera por ellos, no estarías aquí.
8- Se suficientemente humilde, como para obedecer... ¡algún día te darás tus propias órdenes!
9- Asiste religiosamente a la iglesia. El creador te da la semana, devuélvele aunque sea una hora.
10- Mejor todavía: conoce bien y sigue los originales DIEZ MANDAMIENTOS.

**Deja de ser infantil y conviértete
... en una PERSONA MADURA.**

NO SE PIERDAN MI PROGRAMA ACTUAL:

"**SIEMPRE ALFRED**", POR **NOTIUNO 630 AM**
TAMBIÉN EN EL **ÁREA METRO** POR **94.3 FM**
Y **RADIO TIEMPO CAGUAS** 1430 AM,
ÁREA NORTE 1280 AM
ÁREA SUR 910 AM
ÁREA OESTE 760 AM
EN INTERNET CON LA APLICACIÓN GRATIS **NOTIUNO**
y notiuno.com

SIEMPRE ALFRED

¡MI NUEVA AVENTURA!
LA FUNDACIÓN LEGADO
DR. ALFRED D. HERGER INC.
(Para salvaguardar mis producciones)

ORIGEN DE LA IDEA

El pasado huracán María creó conciencia en cuanto a la fragilidad de este tesoro de producciones – si no se protege adecuadamente.

Se trata de materiales como estos:

1- Grabaciones de históricos programas de radio y TV - en cintas de audio y de video.

2- Documentos, contratos y "copyrights" (registros de propiedad intelectual).

3- Películas y "masters" de grabaciones ya publicadas, o inéditas, con interpretaciones de queridas figuras como Lucecita, Chucho Avellanet, Julio Ángel, Ednita Nazario, Carmita Jiménez, La Pandilla, (talento boricua e internacional).

Busca: alfreddherger.com y encontrarás...

LA PÁGINA WEB DE:

Fundación Legado

Dr. Alfred D. Herger Inc.

Busca: alfreddherger.com

PROYECTOS

Video Rescate

Producciones de reportajes, películas y programas de televisión que no han estado disponibles, son inéditas, o están fuera de circulación –rescatadas y elevadas a los formatos actuales mediante digitalización y/o limpieza. Estos videos estarán disponibles en nuestra página para ser vistos y/o "bajados" (cuando sea posible).

Audio Rescate

Producciones de discos y programas radiales que no han estado disponibles, son inéditas, o están fuera de circulación, –rescatadas y elevadas a los formatos actuales mediante digitalización y/o limpieza. Estas grabaciones estarán disponibles en nuestra página para ser escuchadas y/o "bajadas" cuando sea posible.

Canal de Youtube

Descargar álbum   Compartir

Descargar álbum   Compartir

Descargar álbum   Compartir

SE PARTE DE LA HISTORIA

Donar Materiales

Puede participar en el proyecto del Legado del Dr Alfred D. Herger con donaciones de materiales de trabajo, mobiliario, archivos, electrónicos, equipos de oficina y otros articulos que sirvan para las funciones organizacionales y administrativas.

Busca: alfreddherger.com

También aceptamos ayuda mediante horas de trabajo voluntario de personas que tengan tiempo disponible o estén retiradas en diferentes áreas de especialidad.

Y POR SUPUESTO, DONATIVOS DE DINERO

PayPal

Deposito Directo
cta. 270-098-985

(ESTE LIBRO QUE SOSTIENES ES EL PRIMER PROYECTO DE MI FUNDACIÓN.)

Shhh... Pueden bajar este poster a todo color en

la página de mi Fundación: *alfreddherger.com*

ALGUNAS PERSONALIDADES MENCIONADAS

De Puerto Rico: fuente principal es el archivo Fundación Nacional para La Cultura Popular.
Internacionales: la fuente es WIKIPEDIA, en internet.

Alfonso Arana: *pintor Puertorriqueño que estudió arte en Méjico, NY y París. Tuvo exhibiciones en Tokyo, NY, Méjico, España, Puerto Rico y Paris –donde residió muchos años.*

Camilo Fraticelly: *locutor en la era de oro radial y los inicios de la TV en Puerto Rico. Simpático maestro de ceremonias en shows.*

Sylvia Rexach: *poetisa boricua, compositora de: "Nave Sin rumbo, Olas y Arenas, ¿Y Entonces?, Alma Adentro, Dí Corazón, Yo Era Una Flor, Mi Versión, Matiz de Amor, Es Tarde Ya" –grabadas por grandes estrellas.*

Mariano Artau: *pionero de la radio y TV de PR; <u>nuestro primer 'disc jockey'</u>, promovió talentos como César Concepción, Trio Vegabajeño, Felipe Rodríguez, etc. Productor, narrador, promotor deportivo –se destacó en el hipismo.*

César Concepción: *trompetista, arreglista y compositor Boricua, que elevó nuestra "plena" a "música de salón". Con su sensacional orquesta y su cantante* **Joe Valle**, *fue gran vendedor de discos, hizo radio, televisión, y giras.*

Noro Morales: *el boricua pianista, compositor, arreglista y director de la 'big band' latina en E.U. que rivalizó con Xavier Cugat durante los '40 (y recibía mayor pago). Sus cantantes fueron: Machito (Frank Grillo), Tito Rodríguez, Vicentico Valdés, Pellín Rodríguez y otros. Los directores de otras bandas venían a verlo para aprender de él.*

Maria Judith Franco: *al inicio de la televisión de su Puerto Rico, mantuvo pasión por el teatro y protagonizó con Esteban de Pablos, su futuro esposo, "Un Romance Cada Lunes", logrando primeros lugares de teleaudiencia.*

SECRETOS REVELADOS

Braulio Castillo: *actor y galán Puertorriqueño que en los '50 y '60's realizó clásicas telenovelas en su país (como "El Derecho de Nacer", "Renzo el gitano") y en Perú ("Simplemente María"). Fue el primer presentador internacional del personaje Topo Gigio. Protagonizó películas Boricuas y Mexicanas. En 1970, un accidente le imposibilitó continuar su carrera.*

Dean Zayas, *maestro de teatro para generaciones en la Universidad de PR y fundador de Teatro del 60. Ha dirigido más de 300 obras y Telenovelas. Lleva años conduciendo "Estudio Actoral" en WIPR TV.*

El Topo (Antonio Cabán Vale): *prodigioso cantautor Boricua (su "Verde Luz" es un 'segundo himno nacional')*

Raúl Juliá: *genial actor Puertorriqueño con múltiples éxitos en Broadway y Hollywood. (Falleció a los 54 años.)*

Pedro Zervigón: *afable animador, locutor, periodista, escritor, reportero y hombre ancla de noticias. Nació en Cuba e hizo carrera en Puerto Rico. Hermano de Eddy Zervigón, músico radicado en NY donde dirige la Orquesta Broadway.*

Lucho Gatica, *Chileno, el 'bolerista' más popular en la historia. Casado con la actriz boricua, Mapita Cortes. Vivían en Méjico.*

Nat "King" Cole: *pianista de jazz y cantante –el primer artista de la raza negra en tener un show de TV costa a costa en E.U. Vendió millones de discos y los pegó en Español ("Cachito") y otros idiomas.*

Quique Martí: *socio fundador de la exitosa agencia de publicidad Puertorriqueña 'Martí, Flores, Prieto, Marquina y Cuchi'.*

Tony Chiroldes: *cantante Cubano. Echó raíces en P. R. como exitoso empresario artístico. Casado con la actriz Vilma Carbia, el hijo de ambos, Tony Jr. actúa en musicales de Broadway con Linn Manuel.*

Alan Freed: *legendario 'disc jockey', animador de Tv estrella y productor de cine. Le puso nombre al género del "Rock n' Roll" que tan exitosamente promovió.*

Bill Haley: *cantante de "Los Cometas" obtuvo el 1er hit # 1 del revolucionario R'n'R: "Rock Around The Clock".*

Dick Clark: carismático presentador y productor que por 33 años consecutivos animó el programa de Tv "American Bandstand" y despidió el año 31 veces en la ABC Network.

Bobby Rydell: ídolo juvenil de los '60 con millones de discos vendidos y aplaudidas actuaciones en Tv, centros nocturnos y cine ("Bye Bye Birdie" –que está en YouTube).

Steve Alaimo: popular cantante de soul y rock, hábil showman, actor de cine, productor discográfico (KC & the Sunshine Band, entre otros). Animador del programa de Tv "Where The Action Is", producido por Dick Clark.

Paquito Cordero: uno de los pioneros en la Tv de su Puerto Rico, comediante y prolífico productor, con clásicos programas en la Telemundo original y varias películas.

Sonia Noemí González: cantante boricua y actriz de telenovelas, teatro y cine. Se casó con Héctor Cabrera.

Héctor Cabrera: cantante y actor Venezolano.

Tito Lara: cantante boricua, ídolo en los '50 ("El 'pollo' que canta"). Poseedor de una bellísima 'media voz' y afinación perfecta. Muy querido y aplaudido durante décadas.

Los Hispanos: el brillante "Cuarteto vocal de P. R.", por años encabezado por Wisón Torres (director) y Tato Díaz.

Rafael Hernández: principalísimo compositor Puertorriqueño, hijo adoptivo de Méjico y República Dominicana.

Paul Anka: prodigio juvenil de Canada. A los 16 conquistó el mundo con sus composiciones ("Diana", etc.). "My Way" –por Sinatra; "She's a Lady" –por Tom Jones. Vive y actúa en Las Vegas.

Guillermo Álvarez Guedes: exitoso comediante en la Cuba antes de Castro, se exilió en E.U. trayéndose su catálogo de Discos Gema, y continuó produciendo en Puerto Rico con Cortijo y su Combo e Ismael Rivera, Rolando La Serie, El Gran Combo, Gilberto Monroig, etc. Retomó su carrera humorística grabando 'veintipico' de álbumes y en exitosas giras de 'stand-up comedy', libros y películas.

SECRETOS REVELADOS

Rafael Pérez Perry: Ingeniero y empresario boricua, 'genio' de la electrónica de radio y Tv. Estudió en EU. En su país dominó la radio con la emisora más potente, WKVM y lanzó su exitoso canal 11 como "Telecadena Pérez Perry".

Alfredo Rivas Dominici, dueño de radioemisoras. Fue gerente de WKBM TV. Presidió la Asociación de Broadcasters de Puerto Rico.

Ben E. King: primera voz de The Drifters en sus exitazos. Como solista su composición "Stand By Me" junto a "Don't Play That Song" y "Spanish Harlem" lo inmortalizaron.

Neil Sedaka: pianista y cantautor extraordinario. (Gran rival de Paul Anka.) Grabó en múltiples idiomas sus éxitos: "Oh! Carol", "Calendar Girl", "Little Devil", "Happy Birthday Sweet 16", "Next Door To An Angel", "Breaking Up Is Hard To Do", etc. etc.

Chubby Checker: el intérprete de la grabación más exitosa de todos los tiempos, según Billboard: "The Twist". Se hizo famoso cantando ese tema y otros números bailables en "American Bandstand" con Dick Clark.

Brian Hyland: rubio ídolo juvenil de los '60, gracias a su novedoso y pegajoso hit "Itsy Bitsy Teenie Weeny Yellow Polkadot Bikini" y románticas baladas juveniles.

Paul Simon: laureado compositor de los grandes éxitos del dúo Simon & Garfunkel: "The Sounds of Silence", "Mrs. Robinson", "El Condor Pasa", "Bridge Over Troubled Waters" y más. Como solista también pega discos de oro. Estuvo casado con Carrie Fisher ("Princesa Leia" de 'Star Wars'). Se crió en New York junto a chicos 'neoyoricans' y adora a P.R.

Pat Boone: el rival de Elvis al inicio del rock, hizo cine y Tv, creador de muchos hits ("April Love", "Speedy Gonzalez", etc.). De familia Cristiana, siempre ha mantenido una limpia imagen. Es el padre de Debby Boone ("You Ligth Up My Life").

Frankie Avalon: músico y cantante de Philadelphia, se dio a conocer en "American Bandstand" con éxitos como "Venus" y "Why", entre otros. Sus películas playeras de 'surfin' (junto a Annette Funicello) fueron muy taquilleras.

Teddy Randazzo: *Neoyorkino, niño prodigio del acordeón que salía mucho en 'Ed Sullivan Show'. Como cantautor filmó películas y pegó discos. Sus mayores logros fueron sus composiciones (grabadas por Frank Sinatra y otros).*

Little Anthony and The Imperials: *grupo que se mantiene por años haciendo 'nigth clubs'. Sus mayores hits los compuso y se los produjo Teddy Randazzo.*

Lito Peña: *fundador/ director de La Orquesta Panamericana, Ángel Rafael "Lito" Peña, dio gloria a su Puerto Rico. Compositor y arreglista, director de producciones clásicas. Padre de Cuco Peña.*

Johnny Pacheco: *co-fundador (con el abogado Jerry Masucci), del imperio Fania (que puso las 'salsa' en el mapa mundial). Oriundo de Santo Domingo, adquirió fama temprana en NY durante los '60 como 'Pacheco y su Charanga' y el popular baile de la pachanga. Flautista extraordinario.*

Joe Quijano: *Boricua, graduado de serios estudios musicales en piano; popular cantante y percusionista. Altamente creativo, ganó fama y respeto en NY firmado por Columbia Records. Creador de éxitos, agrupaciones musicales ('El Conjunto Cachana') y sellos disqueros ('Cesta Records').*

Camille Carrión: *actriz boricua y personalidad de Tv, hermana de nuestro reconocido cantautor Alberto Carrión.*

Mapy y Fernando Cortés: *matrimonio de dos talentosos artistas Boricuas que hicieron historia en el cine Mejicano. Ella (tía de Paquito Cordero) protagonizaba las películas y él las dirigía. Inauguran la Tv de PR (en la Telemundo original).*

Gaspar Pumarejo: *Cubano, animador y productor de Tv. Tuvo éxito sin precedentes en PR y Perú, creando 'Panamericana de Televisión' y haciendo programas nocturnos diarios con varias horas de duración –presentando figuras internacionales y creando eventos multitudinarios.*

Vicky Carr: *Méjico-Americana de potente voz y dramatismo que comenzó de muy joven cantando en perfecto inglés. Después de famosa... grabó Lp's en español.*

Johhnny Rivers: empresario y cantante que inició el 'a-gogo'. Descubrió e impulsó talentos, como el compositor Jim Webb ("By The Time I Get To Phoenix", "MacArthur Park") y el grupo vocal The Fifth Dimension ("Aquarious", "Up Up and Away").

Polito Vega: el simpático legendario disc jockey Boricua de la radio Neoyorkina, con largos años de carrera exitosa.

Raúl Alarcón empresario Cubano fundador en E.U. de la Cadena radial SBS, que ahora dirige Raúl Alarcón, hijo.

Paquito Navarro: popular DJ boricua de la radio en N. Y. de cálida voz y amena picardía. (animando también en inglés: "This is Pacou..."). Padre de la actriz Eileen Navarro.

Joe Cuba: percusionista y líder musical 'Neoyorican' de impactante personalidad escénica y comercial estilo musical.

Cheo Feliciano: Bolerista, salsero y percusionista Boricua que estelarizó el Sexteto Joe Cuba y la FANIA All Stars. ("¡Familia!").

Nydia Caro: cantante, actriz y modelo. Nacida, criada y educada en NY. Hizo carrera en la Tv de PR. Ganó el Festival OTI y otros. Ídolo en Chile y España. Co-fundadora de la Discoteca Isadora.

Luís Aguilé: pionero de la nueva ola Argentina que conquistó al público hispano. Residió años en Espana como súper-estrella.

Los TNT: trío vocal formado por los hermanos Croatto que obtuvo gigantesca popularidad al inicio la nueva ola en Argentina. Luego Nelly y Tony recorren América y optan por residir en PR, donde Tony Croatto se convirtió en un ícono musical.

El Gran Combo: desprendimiento del 'Combo de Rafael Cortijo' que bajo la hábil dirección del maestro Rafael Ithier ha hecho historia como la 'Universidad de la Salsa' de Puerto Rico".

Víctor Carrady: empresario de NY. Adquiere 'Teatros Cobián' en PR y crea Caribbean Theaters. Auspicia el Festival de la Voz y La Canción de Puerto Rico. Monta residencia en Santo Domingo y su hijo Robert toma la dirección de la empresa, llevándola a 68 salas a través del Caribe (en 14 países), celebrando 50 años de historia.

Myrta Silva: *productora y animadora de Tv, compositora, percusionista, cantante boricua. Hizo época en Cuba cantando con la Sonora Matancera y deja a Celia Cruz en su lugar al retornar a PR. En su tierra tuvo populares programas semanales en la Tv y luego en la Tv de NY. Inició 'el chisme' en los medios, con su sección "Tira y Tapate": ("Echate pa'ca.").*

Donald: *el hoy Licenciado McCluskey fue ídolo de la juventud Argentina, muy popular interacionalmente en los '70 y '80. Viene de familia musical: su padre Don Dean, director norteamericano de 'Big Band' en Buenos Aires y sus hermanos, son todos cantantes.*

Tito Rodríguez: *director de orquesta, percusionista y cantante, hizo época con su gran orquesta en N.Y. durante los '50 (el Palladium) y los '60. Luego hace historia como bolerista extraordinario con el maestro Leroy Holmes y su Orquesta de Violines. Retornó a su Puerto Rico en 1966, donde produjo su espectacular show de Tv.*

Facundo Cabral: *cantautor Argentino, creador de canciones 'inteligentes' y de protesta social.*

Palito Ortega: *el 'rey' de la nueva ola Argentina, inspirado compositor de temas en diversos géneros –que han adquirido extrema popularidad internacional.*

Raphael: *Español, 'el niño de Linares' comenzó como voz infantil prodigiosa y conquistó Europa. De adolescente ocupa primeros lugares con sus baladas, sus películas y sus magnos conciertos. Su gloriosa carrera dura décadas.*

Leroy Holmes: *Norteamericano, director de orquesta en bandas sonoras y discos populares. De joven produjo el hit "Sorry (I Ran All The Way Home)" por The Impalas y luego a Judy Garland. Pegó su versión del tema del film "The High and the Mighty", obteniendo disco de oro. Arregló "It's All In The Game" de Tommy Edwards y trabajó produciendo y arreglando para Connie Francis, Shirley Bassey, Tito Rodríguez y Chucho Avellanet.*

Connie Francis: *la súper estrella femenina de los 60 en EU, con seguidores a través del mundo. Tuvo incontable éxitos, filmó películas y grabó en varios idiomas.*

SECRETOS REVELADOS

Rolando La Serie: simpatiquísimo guarachero Cubano y percusionista que nunca se quitaba la boina. Querido en toda América.

Marcelino 'Atúki' Miranda: director de Tv en noticieros, eventos deportivos y shows. De colorida personalidad, con su ingenio, el Boricua creó muchas frases populares.

José Luís Rodríguez, 'El Puma': actor de telenovelas Venezolano y cantante de rica voz y magnética personalidad escénica. Un gran favorito de las féminas.

Pepito Madonado: exquisito guitarrista boricua que se inició rockeando en 'La nueva ola'. Pionero y maestro.

Tito Allen: aplaudido salsero boricua que comenzó de rockero, tocando el bajo en 'El Combo de La nueva ola'.

Danny Rivera: admirado cantante y patriota Puertorriqueño. De rica voz sonora y dulce 'media voz'. Ha grabado un sin fin de exitosos álbumes y llena salas de concierto.

Sophy: consagrada cantante Puertorriqueña de fama internacional. Al inicio fue 'lanzada' desde NY por Tito Puente.

Celia Cruz: la guarachera de Cuba, comenzó con la Sonora Matancera (antes de Castro). Es "La Reina de la Salsa" del imperio Fania. Muy conocida mundialmente.

Chelique: José Enrique Sarabia, el galardonado compositor Venezolano creador de "Ansiedad". Músico, showman, y publicista.

Javier Santiago: el destacado periodista Puertorriqueño que se consagró con 'El Nuevo Dia', escribió el histórico libro "Nueva Ola Portorricensis", fundó y titánicamente dirige La Fundación Nacional Para La Cultura Popular (www.prpop.org).

Guillermo Venegas Lloveras: compositor boricua, de grandes inspiraciones, como "Mi Cabaña" (a sus 12 años), "Génesis" (ganó el Festival Mundial) y "Tu Bien Lo Sabes" (1er éxito de Los Panchos).

Ednita Nazario: de niña, adolescente y adulta, triunfa ampliamente en su Puerto Rico y en el exterior.

Gaby, Fofó y Miliky: *los hermanos Aragón, Españoles. Del Ed Sullivan Show se convierten en 'Los payasos de la tele' que hicieron época en Cuba, Puerto Rico, Argentina y España.*

Dedy Romero: *'La Salserita', niña boricua que cantó con la orquesta de su mamá, Sonia López. (la hija del popular 'Papa Candito'). Es empresaria y figura de la radio y Tv.*

'Machuchal', Adalberto Rodriguez: *locutor, productor, y comediante estelar Puertorriqueño –el 'Alcalde de Machuchal'. Gran estrella de espectáculos, Tv, y Cine (Columbia Pictures).*

Elín Ortiz: *primerísimo actor Puertorriqueño, comediante, y productor. Creó las carreras de sus esposas Iris Chacón y Charitín Goyco. Padre de Shalim Ortiz (que se destaca en la Tv de USA).*

Iris Chacón: *de Puerto Rico, la legendaria 'Vedette de América' con exitoso show de Tv, discos y películas.*

Tommy Muñiz, hijo: *aclamado productor y empresario Puertorriqueño, comediante, maestro de ceremonias, tele y radiodifusor (Radio Luz, Tele Luz). Pionero de los medios y actor de varias películas (como 'Lo Que le Paso a Santiago', el film de Jacobo Morales nominado al Oscar).*

Celinés: *cantante boricua de la nueva ola que ganó festivales y como 'Celibee' pegó "Superman" en E,U. durante la era 'disco'.*

Pepe Luís: *cantante boricua de la nueva ola, compositor de los éxitos de su esposa Celinés en P.R. y los E.U.*

Luís Vigoreaux: *gigantesca figura en la radio y Tv de su PR; animador, productor, empresario, propulsor de talentos.*

Armando Manzanero: *'superstar' de Méjico, pianista, cantante, compositor de gran éxito. La versión al ingles, de su "Somos Novios" pegó mundialmente como "It's Imposible" por Perry Como, Elvis, Andy Williams, Andrea Bocelli, etc.*

Yaco Monti: *cantautor Argentino que produjo una estela de éxitos en los mediados '60 y los '70, culminando con su renovada versión del clásico "Vanidad".*

SECRETOS REVELADOS

Gilo Rivera: *Boricua, destacado director de cine, Tv y comerciales. Productor, co-fundador de Ideas, Inc.*

José Feliciano: *Puertorriqueño, músico y compositor, cantante de potente e inconfundible voz que logró dominar el mercado en inglés. Virtuoso de la guitarra española, con ventas de 50 millones de discos. Reconocido en el Soul, el Jazz, el Rock y los ritmos latinos. Su "Light my fire" fue Hit mundial y "Feliz Navidad" (de su autoría) es un clásico.*

Vicentico Valdés: *cantante cubano, que trabajó con La Sonora Matancera, Noro Morales y Tito Puente. De solista pega: 'Plazos Traicioneros', 'Los Aretes de la Luna', 'La Montaña', y otros más.*

Mario Pabón: *Ingeniero de profesión, nació en República Dominicana y a los 13 años se trasladó a Puerto Rico. De joven adulto comenzó cantando y luego descolló como actor y galán de más de 30 telenovelas y películas. Como excepcional director de Tv hizo los principales programas de Telemundo en PR ("El Show Ford", "La Taberna India", "El Show Libbys", "El Show de las 12", etc.). Y en la Telecadena Pérez Perry: "Cambia Cambia con Alfred", "Yo Soy El Gallo", etc. Además fue empresario y productor. Padre de la polifacética artista Marian Pabón.*

Gilbert Mamery: *Puertorriqueño, animador y productor de radio y Tv, empresario, compositor, musicólogo, disc jockey, dueño de WTIL Radio, publicista y experto sobre Carlos Gardel. Padre de las estrellas Topy y Grisel Mamery.*

Luís Miguel: *"El Sol de Méjico" (que nació en Puerto Rico). Ganó fama desde los 11 años. Tiene 100 millones de discos vendidos. Ha roto múltiples récords en cuanto a ventas, presentaciones personales, premios y reconocimientos. Un coloso de la música.*

Vuelvo a sentirme feliz, gracias a mi primer biznieto, **Matteo Gerardo Urrutia García**, hijo de Rodrigo Urrutia y Ana Sofía García Herger, hija mayor de mi hija mayor, Grace Marie. El regalo de DIOS nos llegó seis semanas después de la partida de mi hijo Alfredo.

CREO EN DIOS
Autor: Jimmy Rivera

"*Cada vez que nace una criatura más,*
que pueda oír y el cielo ver,
entonces más es mi fe...

Veo, en cada gota de lluvia,
que al caer, brota una flor.
Creo que hay una luz,
que en noches de ansiedad, ve el pecador.

Pienso que por cada ser que se nos va...
Otro vendrá, y aliviará, el dolor... con su amor.

Tengo fe, que mi oración,
por sobre el vendaval, se ha de escuchar.
Tengo fe, que al morador del más allá,
ha de llegar...

Cada vez que nace una criatura más,
que pueda oír y el cielo ver,
entonces más es mi fe.

"Creo en Dios"
Obra maestra de Jimmy Rivera,
admirado poeta musical.
Cantada por Tito Lara.

CON ALFREDO (MI 'KAKO')

ALFREDO CONMIGO

¡AMÉN!

Made in the USA
Lexington, KY
23 October 2019